Oskar Pfister

Die Genesis der Religionsphilosophie A. E. Biedermanns

Oskar Pfister

Die Genesis der Religionsphilosophie A. E. Biedermanns

ISBN/EAN: 9783743422223

Hergestellt in Europa, USA, Kanada, Australien, Japan

Cover: Foto ©Thomas Meinert / pixelio.de

Weitere Bücher finden Sie auf **www.hansebooks.com**

Die Genesis

der

Religionsphilosophie A. E. Biedermanns,

untersucht nach Seiten ihres psychologischen Ausbaus.

Inaugural-Dissertation

zur

Erlangung der philosophischen Doktorwürde

der

Ersten Sektion der philosophischen Fakultät Zürich

vorgelegt von

Oskar Pfister, Pfarrer

in Wald (Kt. Zürich).

Genehmigt auf Antrag der Herren
Professoren Dr. A. L. Kym und Dr. K. Furrer.

ZÜRICH.
Kommissionsverlag von August Frick.
1891.

Herrn

Professor D. Paul Schmiedel,

seinem hochverehrten Lehrer

in herzlicher Dankbarkeit

Der Verfasser.

Curriculum vitae.

Oskar Pfister wurde geboren am 23. Februar 1873 zu Wiedikon bei Zürich. In der herrnhuterischen Gemeinde Königsfeld (Grossherzogtum Baden) und seiner Vaterstadt Zürich heranwachsend, besuchte er in den Jahren 1885—91 das dortige Gymnasium, sodann während 8 Semestern die Universitäten Basel und Zürich, um vorwiegend theologischen und philosophiegeschichtlichen, aber auch kunsthistorischen und sozialwissenschaftlichen Studien obzuliegen. Nach Absolvirung des theologischen Staatsexamens im Herbst 1895 wandte er sich der Religionsphilosophie zu, wobei er durch das Studium der philosophischen Fundamentaldisziplinen der wissenschaftlichen Ausgestaltung und Legitimirung seiner Anschauungen zu dienen suchte. Der Berliner Universität, vor allem den Herren Professoren Pfleiderer und Runze verdankt er in dieser Zeit die fruchtbarsten Anregungen. Die vorliegende Arbeit wurde im Sommer 1897 der philosophischen Fakultät Zürich eingereicht.

Die Anregung zu nachfolgender Abhandlung ging aus von Vorlesungen der Herren Professoren v. Schulthess und Christ in Zürich, nicht minder aber von dem tiefen Eindruck, den das ächt christlich-evangelische Wahrheitsstreben und die sittliche Energie Biedermanns auf den Verfasser trotz seiner völlig anders gearteten, mehr zu Schleiermacher-Schweizer hinneigenden Geistesart ausübte. Die Bewunderung für den grossen Theologen konnte trotz der vielfachen Aussetzungen an den erkenntnistheoretischen, metaphysischen und dogmatischen Gedankengängen Biedermanns nur wachsen, zumal sich immer mehr die Überzeugung Bahn brach, dass hinter den starren Formen seiner Abstraktion eine reiche Welt der lebendigsten Empfindungen und innigsten Gefühle verborgen liege, Tatsachen freilich, die sich der logischen Fixirung entziehen und entziehen werden.

Der Verfasser beabsichtigte, das Werden der gesamten Religionsphilosophie Biedermanns darzustellen. Äussere Gründe veranlassten ihn, einstweilen nur einen Teil des Ganzen, die religionspsychologische Untersuchung, erscheinen zu lassen. Dieser Abschnitt musste gewählt werden, weil in Biedermann selbst die Lösung der hier zur Sprache kommenden Probleme den entscheidenden Anfang der weiteren Entwicklung bildete.

Vorliegende Arbeit ist m. W. die erste, welche die gesamte Biedermann-Literatur zu verwerten sich bestrebte. Leider ist aber dem Verfasser einzelnes unzugänglich geblieben. Das Manko durch möglichst ausnahmslose Zitation der benutzten Schriften auszugleichen, fand er sich nicht bemüssigt.

Endlich sei Herrn Prof. Dr. L. Kym, dem ehrwürdigen Freunde Biedermanns, meinem verehrten Lehrer, auch an dieser Stelle für seine freundlichen Ratschläge der beste Dank ausgesprochen.

Wald (Kt. Zürich), den 7. März 1898.

O. P.

Die Genesis der Religionsphilosophie A. E. Biedermanns, untersucht nach Seiten ihres psychologischen Ausbaus.

Von Oskar Pfister, Pfarrer in Wald (Kt. Zürich).

Motto:
„Sehet auf diejenigen, welche einen hohen Grad von jener anziehenden Kraft, die sich der umgebenden Dinge bemächtigt, in ihrem Wesen ausdrückten, zugleich aber auch von dem geistigen Durchdringungstriebe, der nach dem Unendlichen strebt und in alles Geist und Leben hineinträgt, so viel besitzen, dass sie ihn in den Handlungen äussern, wozu jener sie antreibt."
(Schleiermachers Reden, ed. Pünjer, 1 Aufl., S. 8.)

Die geschichtlichen Bedingungen.

Als Biedermann im Jahre 1837 in die theologische und philosophische Welt eintrat, beherrschten vor allem zwei gewaltige Erscheinungen das religionswissenschaftliche Denken, und von ihnen nahm es seinen Ausgang, zu ihnen blickte es immer und immer wieder zurück: *Schleiermacher und Hegel.*[1]) Kants direkter Einfluss war bereits von den beiden andern Gliedern des grossen religionsphilosphischen Dreigestirns stark in den Hintergrund gedrängt worden, zumal die wertvollsten Elemente seiner Philosophie in den Systemen der Jüngeren, gerade auch Schleiermachers und Hegels, fortlebten. Es ist daher unsere nächste Aufgabe, diese beiden Grössen mit einigen Zügen zu charakterisiren.

Goethe sagt einmal: „Um Epoche zu machen, bedarf es zweier Dinge: Eines guten Kopfes und einer grossen Erbschaft".[2]) Wenn wir das Wirken Schleiermachers und Hegels unter diesem doppelten Gesichtspunkt in's Auge fassen, so bemerken wir alsbald, dass *das Erbe* beider ungefähr das nämliche war. In geringem zeitlichen Abstand von einander geboren (1768 und 1770), gingen beide durch das theologische Studium hindurch, um nach Ablauf desselben mit grösstem Eifer der Philosophie obzuliegen. Während einer Reihe von Jahren (1818—31) wirkten sie sogar an derselben Lehranstalt, der Berliner Universität. Es waren daher vielfach verwandte Umgebungen, in welche beide Denker versetzt wurden, und so verschiedenartig auch die Beanlagung beider sein mochte, so finden wir sie doch in manchen Stücken verwandt auf ihr Milieu reagiren.

---

[1]) Vergl. *Pfleiderers* Religionsphil. beurteilt von *A. E. Biedermann* Prot. Kztg. 1878 S. 1036. [2]) *Goethe*, Gespräche mit Eckermann, herausg. von Moldenhauer, I 177.

Wir sehen sie einig vor allem in der Bekämpfung des Vulgärrationalismus und des geistlosen Schriftbuchstabentums,[1]) und es dürfte schwer zu entscheiden sein, wessen Feindschaft gegen sie tiefer wurzelte. Dass nichts eifriger zu verhüten gesucht wurde, als das Hinausschweifen transscendenter Phantasie in's Alpenland des Unendlichen,[2]) dass man der unruhigen Psyche immer von Neuem ihre stets wachsenden Flügel beschnitt, dass Wächter ihr bestellt wurden, weise Pädagogen und Hirten, die sie hüten mussten vor Excessen, damit sie immer recht gemütlich hingrase, da unten in den Marschgegenden des Angenehmen und Praktischen[3]) —, hätte der Titangeist *Hegels* sich nicht aufbäumen müssen gegen diese zwerghafte Mikrologie? Dass nur ja kein Ton angeschlagen werden durfte, der ein Heimweh errege zum Land der Wunder und Ideale, dass nur ja nicht Religion und Kunst das unendliche Sehnen aufrühren sollten im Gemüte und wieder ein Verlangen entzündeten nach dem Geiste, der die Welt richtet und nur aus dem Tode des Endlichen des Lebens Quelle rieseln lässt, dass unmittelbar, so wie es geht und steht, das liebe Ich, das nach Glückseligkeit unendlich schmachtende Herz hinüberschweben werde auf einen anderen Planeten oder Fixstern, wenn es hier seine Sinnlichkeit abgenutzt habe, dass dort, ach ja! dort der Jubel und die Glückseligkeit erst recht angehen werde, wenn nun die lieben Anverwandten sich alle wiederfinden und einander mit unendlicher Rührung in die immateriellen Arme sinken —[4]). dieser ganze schale, satte Optimismus und Eudämonismus der zeitgenössischen Theologie, sollte er nicht auch *Schleiermachers* Ekel und Abscheu hervorgerufen haben?[5]) Mit Hegel zählte ja auch er zu der Reihe „jener grossen heroischen Gestalten, die in allen ihren Bewegungen, ihrem ganzen Gesichtsausdruck, ihrer fragenden Stirne, ihrem flammenden Auge nur Eines verrieten, dass sie Suchende waren, und dass sie das eben inbrünstig suchten, was die Schaar der Zufriedenen zu besitzen wähnte".[6]) Beide hatten zu gut in der Schule *Kants* gelernt, um der „heiteren" Göttin Vernunft fröhliche Hekatomben darzubringen, oder der Autorität einer petrefakten Orthodoxie den starken Nacken zu beugen.

Und doch, so einmütig wir *Schleiermacher* und *Hegel* finden in herzlicher Abneigung gegen angebliche Aufklärung sowohl als offizielle Verknöcherung des lebendigsten Inhaltes, so schroff stehen sich die beiden Geister gegenüber, was die Art *der Polemik* gegen den gemeinschaftlichen Feind anbetrifft.

---

[1]) *C. Schwarz*, Zur Geschichte der neuesten Theologie, 3 Aufl. 14. [2]) Vergl. *Hegel*, Religionsphil., 1. Aufl., Bd. I, 70. [3]) Vergl. *J. W. Hanne*, Schleiermacher als religiöser Genius Deutschlands, S. 23. [4]) Ib. 25. [5]) Vergl. *Schleiermacher*, „Reden" 270. [6]) Vergl. *Friedr. Nietzsche*, Unzeitgemässe Betrachtungen I 188.

In gemeinsamer Verachtung gegen das fröhliche Puppenheim der naiv-dreisten Aufklärung zog sich Schleiermacher in den sakrosankten Hain, das τέμενος ασρόσιτον des Gefühls, Hegel in die stolze Festung eines omnipotenten Denkens zurück. Ersterer war nach seinem eigenen Worte *Herrnhuter höherer Ordnung*, letzteren könnte man mit demselben Rechte einen *Rationalisten höherer Ordnung* nennen. War jener ein genialisch feuriger *Romantiker des Gefühls*, so ist Hegel ein tief mystischer *Romantiker der Reflexion*. Schleiermacher schrieb im Programm seiner philosophisch-theologischen Tätigkeit, „den Reden", unter dem Drang der unmittelbarsten Gefühle *eine Reihe lyrischer Gedichte*, die weniger durch das Band logischer Folgerichtigkeit, als durch die gemeinschaftliche Herkunft von ein und demselben Geistesleben unter einander zusammenhängen. Hegel dichtete nur *das eine, riesige Weltepos des dialektischen Prozesses*.

Es ist der verkörperte Gegensatz des Gefühls und des Intellekts.

Diese Behauptungen sind durch eine kurze Darlegung der Grundgedanken beider Denker zu erhärten. Das Gebiet, das *Schleiermacher* der Religion eigentümlich zuweisen will, ist das *Gefühl*.[1]) Mit Wissen hat es die Religion gar nicht zu tun.[2]) Es ist das Ein und Alles der Religion, alles im *Gefühl* uns Bewegende als ein und dasselbe zu *fühlen*.[3]) Die Frömmigkeit ist rein für sich betrachtet weder ein Wissen, noch ein Tun, sondern eine Bestimmtheit des *Gefühls*.[4]) — Hegel schreitet gänzlich andere Bahnen. „Religion ist Bewusstsein, Wissen für das Wissen, Geist für den Geist oder auch: sie ist Wissen von Gott, und dass er ist".[5]) Die Überzeugung seiner Zeit, dass Religion *eben dies* sei, dass der Mensch unmittelbar von Gott *wisse*, bedarf für ihn keines Beweises, keiner Erhärtung.[6]) Darum, dass der Inhalt im Gefühl ist, ist er noch nicht wahrhaft, noch nicht an und für sich, nicht gut und vortrefflich in sich.[7]) „Wenn das Sein Gottes in unserem Gefühl nachgewiesen wird, so ist es darin ebenso zufällig, wie jedes andere, dem dieses Sein zukommen kann".[8]) Das Gefühl ist nur die tierische, sinnliche Form.[9]) Zuzugeben ist höchstens: Zuerst hat der Mensch vielleicht religiöses Gefühl, vielleicht auch nicht; ist aber ersteres der Fall, so ist allerdings das Herz der Keim, aber wie bei einem vegetabilischen Samenkorn der Keim nur die embryonale Existenzform der Pflanze, so ist auch das Gefühl nur diese eingehüllte Weise der Religion,[10]) jedenfalls aber kann im

---
[1]) Reden 57 (2. Aufl.). [2]) Ib. 46. [3]) Ib. 60 (2. Aufl.). [4]) Glaubenslehre, 6. Aufl., S. 6. [5]) Hegel, Religionsphilosophie, 1. Aufl. Bd. I, S. 42. [6]) Ib. I 4. [7]) Ib. 70. [8]) Ib. S. 88. [9]) Ib. 10. [10]) Ib. 74, 100.

Gefühl das Sein Gottes keineswegs unmittelbar aufgewiesen werden,[1]) weder nach seinem selbständigeu Sein, noch nach seinem Inhalte. Wenn wahr ist, was im Gefühle ist, so müsste alles wahr sein, Apisdienst u. s. f.[2]) Eine der deutlichsten Stellen der der „Religionsphilosophie", welche sich auch mit den Gedanken der Phänomenologie und Encyclopädie in der Wertung und Beurteilung der Religion am nächsten berührt, mag hier erwähnt werden, weil wir ihrer später wieder bedürfen: „Die Religion ist diese Tätigkeit der *denkenden Vernunft* und des *vernünftig denkenden* (sic): sich, als Einzelnen, als das Allgemeine setzen und sich als Einzelnen, aufhebend sein wahrhaftes Selbst als das Allgemeine zu finden. Philosophie ist ebenso denkende Vernunft, nur dass bei ihr dies Tun, welches Religion ist, in der Form des Denkens erscheint, während die *Religion als so zu sagen unbefangen denkende Vernunft* in der Weise der Vorstellung stehen bleibt".[3]) Wie die Epigonen dieses „Stehenbleiben" auffassten, werden wir später sehen.

Mit der *psychischen Internirung* der Religion hängt auf's engste zusammen die Frage nach der *Quelle* des frommen Bewusstseins und seiner Vermittelung. Schon in der ersten Auflage der „Reden" *Schleiermachers* finden wir die Behauptung: „Anschauen ist und bleibt etwas einzelnes, abgesondertes, die *unmittelbare* Wahrnehmung, weiter nichts. So die Religion, . . . alles in ihr ist unmittelbar und für sich wahr".[4]) Ebenso behauptet Schleiermacher noch 31 Jahre später, in der zweiten Auflage seiner Glaubenslehre: „Unser Satz will der Meinung entgegentreten, als ob das Abhängigkeitsgefühl selbst durch irgend ein vorheriges Wissen von Gott bedingt sei".[5]) *Hegel* vertritt die gegenteilige Meinung: Religion ist durchaus nichts ursprüngliches, sondern sie ist überhaupt nur, weil wir Denkende sind".[6]) „Der Verdacht, dass Gott *durch* das Denken nur *im* Denken ist, muss schon dadurch aufsteigen, dass der Mensch nur Religion hat, nicht das Tier",[7]) kurzum, wir treffen hier das direkte Gegenteil *Schleiermachers*, der aus einem *ursprünglichen* und unabhängigen Handeln Gottes (des Universums, des Weltgeistes) auf den Menschen das fromme Bewusstsein hervorgehen lässt,[8]) während *Hegel* zwischen Sub- und Objekt desselben als vermittelndes Organ zwischeneinschiebt das Denken.[9])

Sehr scharf tritt uns die Antithese der beiden Geister auch

---
[1]) Ib. 78. [2]) Ib. 85. [3]) Ib. 117. [4]) Schleiermachers Reden 61. [5]) Glaubenslehre, 6. Aufl. 19. [6]) Religionsphil. I 26, 30. [7]) Ib. 75. [8]) Reden 53 (1. Aufl.) 63 (2 ff. Aufl.). [9]) Ausser den oben zitirten Stellen verweise ich auf Seite 12 der Religionsphil., die sich mehrfach in ein polemisches Verhältnis zu spezifisch schleiermacher'schen Ideen setzt (vergl. Schleiermachers Dialektik § 222 § 216 u. a.).

auf dem Gebiet der *Erkenntnistheorie und Metaphysik* entgegen. *Schleiermachers* gesammte Theologie ruht auf Kants Ablehnung einer über die blosse Erscheinungswelt hinausreichenden Erkenntnis,[1]) womit also auch auf Erkenntnis Gottes Verzicht geleistet ist. „Der Idee Gottes nähert man sich nicht".[2]) Nun aber bedürfen wir eines transscendentalen Grundes für unsere Gewissheit im Wollen, wie im Wissen.[3]) Wie haben wir jedoch diesen transscendentalen Grund, der gleich Gott ist, zu denken? Wir erhalten keine andere Antwort als: Er ist das Sein, in dem alle Gegensätze aufgehoben sind, die Einheit ohne Vielheit,[4]) die reale Negation aller Gegensätze,[5]) die Einheit mit Ausschluss aller Gegegsätze,[6]) die Identität von Denken und Sein,[7]) des idealen und realen[8]) und dergleichen. Wegen dieser Transscendentalität und Indifferenzirtheit Gottes ist auch Gott nur in der relativen Identität des Denkens und Wollens, nämlich im *Gefühl* anzutreffen, indem das Denken immer an den Gegensatz gebunden ist.

Im Gegensatze zu *Spinoza,* dessen Substanz in der Summe der unendlichen Attribute aufging,[9]) im Gegensatze auch zu *Schelling,* nach welchem die absolute Identität des Idealen und Realen das einzig wahrhaft Seiende, und die Dinge, an sich ohne Realität, nur in der Substanz wahrhaft sind,[10]) sucht Schleiermacher der Identität von Gott und Welt (letztere im Sinne einer Totalität der Gegensätze)[11]) ängstlich auszuweichen,[11]) sichtlich um einerseits dem Odium des Pantheismus zu entgehen, andererseits durchdrungen vom Eindruck der menschlichen Individualität, die er nicht mit Spinoza zum blossen modus herabsetzen kann. So behauptet er nun Gott als absolute, unterschiedslose Einheit aller Gegensätze, als transscendentalen Grund, in welchem sie alle zusammenkommen, und dennoch lässt er die Welt mit Einschluss aller Gegensätze neben ihr bestehen! „Kein Gott ohne Welt, so wie keine Welt ohne Gott".[12]) Schleiermacher übersieht, dass er sich bei seinen Bestrebungen in Widersprüche verwickelt: Wenn das Absolute in *unterschiedsloser* Einheit das konkret Differenzirte in sich befasst, so verlieren eo ipso die Gegensätze, damit auch die Individuen, ihre Realität. Wenn nun eben dieser *allumfassenden* Einheit eine andere Einheit real bestehen gelassen wird, welche die Gegensätze tolerirt, nämlich die Welt, so ist das augenscheinlich eine contradictio in adjecto, denn als oberste Einheit umschlösse

---

[1]) Dilthey, Leben Schleiermachers. Bd. I, 101. [2]) Dialektik § 222, I. [3]) Dialektik § 214. [4]) Dialektik § 523. [5]) Dialektik § 219,1. [6]) Dialektik S. 433. [7]) Dialektik S. 500. [8]) Dialektik S. 158. [9]) Spinoza, Ethik, I. Teil. 6. Def. [10]) Pünjer, Bd. I. Schürer, Schls. Rel.-Begr. u. d. phil. Voraussetz. dess. S. 9 f. [11]) Dialektik § 219,1; S. 526. [12]) Dialektik § 433 f., 167.

Gott auch die Welt, deren Gegensätze damit aufgehoben, für irreal erklärt wären.¹) Wir sehen hier den Kant'schen Dualismus zwischen Erscheinungswelt und Ding an sich in seiner ganzen Blösse und und Dürftigkeit.

Trotz dieser individualistischen Tendenz²) und einer anderorts stark zu Tage tretenden *teleologischen* Neigung lässt sich Schleiermacher im allgemeinen in ein sehr nahes Verhältnis zu *Spinoza* und *Schelling* setzen. In *Hegel* tritt uns dem gegenüber ein Epigone *Leibnitzens* und *Fichtes* entgegen. Weder substantia constans infinitis attributis nach spinozistischer Fassung³) noch Indifferenz der Gegensätze oder Identität von Geist und Materie nach der Weise *Schellings* und *Schleiermachers* ist ihm das Absolute, sondern Geist. „Geist aber ist dies: sich zu manifestiren, für den Geist zu sein".⁴) „Ein Geist, der nicht offenbar ist, ist nicht Geist".⁵) Gott ist nicht neidisch, dass er sich nicht mitteilt. Gott ist dies, sich zu offenbaren, offenbar zu sein.⁶) Konnte *Schleiermacher* dem bekannten Haller'schen Worte von der Unmöglichkeit erschöpfender Naturerkenntnis beipflichten, so würde die Stelle in *Hegels* Geist zu ergänzen sein:

„In's Innre der Natur dringt kein erschaffner Geist —"
„Es sei denn, dass mit ihr du eines Wesens seist."

Damit sehen wir beide in fundamentalem Gegensatz. Auf den kosmischen Prozess als eine Selbstentfaltung des Geistes und seine Identität mit der logischen Auswirkung des endlichen Gedankens aus sich selbst heraus einzutreten, ist hier nicht der Ort.

Damit wäre in den Umrissen das *antithetische Verhältnis zwischen Schleiermacher und Hegel* skizzirt, und zwar in der Schroffheit, mit welcher es zunächst auf die Mit- und Nachwelt zu wirken berufen war. Im Interesse unserer speziellen Aufgabe jedoch, wie der historischen Gerechtigkeit, müssen wir noch einen Augenblick bei unserer Aufgabe verharren, um das eigentliche Wesen der Antithese ins richtige Licht zu setzen. Was *Hegel* vom Studium der Philosophie rühmt, dass es die Scheidewände, die absolut trennen sollen, durchsichtig macht, dass man, wenn man auf den Grund sieht, absolute Übereinstimmung findet, wo man meint, es sei der grösste Gegensatz,⁷) gilt bis zu einem gewissen Grade auch

---

¹) Vgl. E. Schürer S. 11 ff. ²) Man vergleiche besonders Schleiermachers Monologen, z. B. S. 11: „Mein Tun ist frei, ja du bist überall das Erste, heil'ge Freiheit!" ³) *Spinoza*, Ethik I, 6. ⁴) Man muss sich hüten, dieses Bonmot für eine erschöpfende Real-Definiton zu nehmen; an einem andern Orte heisst es wieder: Geist ist dies, sich zu entwickeln, zu unterscheiden bis zur Wirklichkeit (Hegel, Religionsphil. II, 278). ⁵) Religionsphil. II. 157. ⁶) Ib. I, 59. ⁷) Ib. I,14 f.

von dem Verhältnis seiner Religionsphilosophie zu derjenigen *Schleiermachers*. Leider müssen wir uns hier auf ganz wenige Nachweise beschränken, doch hoffen wir immerhin dartun zu können, dass *die Differenz zwischen beiden Systemen von Haus aus und im Kerne durchaus nicht so fundamental ist*, als die summarische oder von der persönlichen Verkettung mit diesen Ideenkreisen geblendete Betrachtung annimmt, und dass daher für eine Synthese beider Gedankengänge die Aufforderung in diesen selbst gelegen war.

Hegel tadelt an *Schleiermacher* mit ganz besonderem Nachdruck die Ausschliessung des Gedankens aus dem religiösen Akt. Gewiss ist dieser Protest gegen die Bestimmung der Religion als „Gefühl an sich", wie er es etwa auffasste, gegen ein reines oder schlechthiniges Gefühl vollständig berechtigt, denn ein solch ausschliesslich formelles Gefühl ist eine unpsychologische, unhistorische Fiction. Allein ist denn wirklich das „Gefühl" *Schleiermachers* so aller vorstellungsmässigen Elemente bar, wie sein Gegner ihm insinuirt? — Nein. Nie und nimmer könnte sonst *Schleiermacher* die Religion in der ersten Auflage seiner „Reden" eine „Anschauung des Universums" nennen, niemals würde er noch in der zweiten „Anschauung" und „Gefühl" promiscue gebrauchen! Vielmehr ist das religiöse „Gefühl" durch und durch mit theoretischen Ingredienzien durchsetzt.[1]) Wie eine prophetische Apologie klingt der Passus der „Reden": Welches einzelne Talent oder Vermögen immer aus der Totalität des menschlichen Geistes herausgegriffen werde, es bringt keineswegs abgeschlossen seine Werke hervor, vielmehr wird jedes von der zuvorkommenden Liebe und Unterstützung der anderen bewegt und durchdrungen, dass man sich an der Unterscheidung der herrschenden hervorbringenden Kraft muss genügen lassen.[2]) Jeder Moment des Lebens ist ein zusammengesetztes aus jenen dreien (Denken, Fühlen, Wollen), wenngleich zweie davon nur als Spuren oder Keime vorhanden sind.[3]) „Erkennen, Gefühl und Handeln sind nicht einerlei und doch unzertrennbar".[4]) Wegen ihrer *inneren Einheit* und Gleichheit streben sie ineinander überzugehen; so entspringt z. B. aus der inneren Einheit des Menschen mit dem ihn erregenden Universum als ein eigener Zweig des Lebens auch das Handeln.[5]) und ebenso wird der Gefühlszustand, welcher die Frömmigkeit in ihren verschiedenen Äusserungen *wesentlich* ausmacht, in das Denken aufgenommen.[6]) Die Betrachtung ist der Religion sogar wesentlich, und wem nicht der Sinn offen

---

[1]) Dies erkannte schon *Biedermann*, Freie Theologie S. 180, vor ihm *Vatke* u. a. Vergl. auch *Joh. Rehmke*, die Welt als Wahrnehmung und Begriff, S. 61 f. [2]) Reden S. 34. [3]) Glaubenslehre S. 9. [4]) Reden S. 57. [5]) Reden S. 73. [6]) Glaubenslehre S. 13.

für das Leben der Welt, der kann auch nicht fromm sein.¹) Ja sogar die harmonische Gesetzmässigkeit des Weltalls sollen wir im unmittelbaren Gefühle haben?²) Sollte dies nicht zur Genüge beweisen, *dass Schleiermacher ein theoretisches Moment im religiösen Akte tatsächlich anerkennt?*³) Wenn Bender sagt: „Das Gefühl ist Erkennnen, es ist so gut wie der Verstand Ausdruck der Vernunft in der Natur",⁴) so ist dies allerdings ein sehr starker Ausdruck, den *Runze* mit Recht ablehnt,⁵) aber immerhin wird niemand leugnen, dass *Schleiermacher* das Gefühl nicht, oder doch nicht immer und durchweg so stark isolirte, als *Hegel* ihm zuschob.

Damit ist gleichzeitig die angebliche Unmittelbarkeit des frommen Bewusstseins durch *Schleiermacher* selbst stark verdächtigt worden. Wenn die Religion ein Anschauen des Universums,⁶) nun so ist eben doch das Auge ein vermittelndes Medium! Wenn ein verschlossener Sinn mit „zugeschlossener Stumpfsinnigkeit" identisch,⁷) so schlägt eben die Betrachtung zum Unendlichen erst die Brücke! — Aber noch mehr! *Schleiermacher* bekämpft sich sogar verbis expressis: „Das Unendliche können wir *nicht unmittelbar* und durch sich inne werden, sondern immer nur *mittelst des Endlichen*".⁸) — Ferner: Wenn „die ewige Welt auf die Organe unseres Geistes so wirkt, wie die Sonne auf das Auge,"⁹) so ist es doch eben — wir können es trotz der Warnungstafeln nicht anders fassen — *die Sonne*, die auf uns einwirkt, nicht etwas, das „hinter dem Vorhang bleibt",¹⁰) keine völlig transscendente Potenz. Ebenso wenn Schleiermacher von einer *Offenbarung des Universums*

---

¹) Reden S. 46. ²) Reden S. 92. ³) Vergl. auch *Braasch*, Comparative Darstellung des Religionsbegriffes in den verschiedenen Auflagen der Schleiermacher'schen Reden. Jena, 1883, S. 63. Den von Braasch beigebrachten Belegen kann zwar nur zum kleinsten Teil Beweiskraft zugeschrieben werden; gerade derjenige unter ihnen, der in der angeführten Fassung das „gegenständliche Wissen" der Religion zu einer fast gänzlich intellektualistischen Leistung des Gefühls macht, ist nicht ganz korrekt vermerkt. Braasch führt nämlich an: „Das Feinste in der Geschichte nimmt das Gefühl wahr" (S. 64), während das Original lautet: „... wie denn auch das Feinste und Zarteste in ihr nie wissenschaftlich, sondern nur im religiösen Gemüt kann aufgefasst werden", und „im Gefühl" ist doch nicht vollkommen gleich „vom Gefühl"!" Dennoch behält Braasch Recht mit der Behauptung, es habe sich ein mehr oder weniger grosses Stück gegenständliches Wissen in Schleiermacher Gefühl hineingestohlen. Zu seinen Argumenten vergl. besonders Reden S. 106, den Gedanken, dass in unserem Gefühl die Ahnung einer höheren und innigeren, schönere Gestalten erzeugende Vermählung des Geistes mit der Materie sich vorfinde. Dass sogar auch im „schlechthinigen" Abhängigkeitsgefühl ein gegenständliches Moment, das Woher dieser Abhängigkeit mitgesetzt ist, hebt *Pünjer* richtig hervor.
⁴) *Bender*, Schleiermachers Theologie I, S. 34. ⁵) Runze, Schls. Glaubenslehre in i. Abhk. von seiner Philosophie S. 74. ⁶) *Bender*, I. 19. ⁷) Reden S. 46. ⁸) Reden S. 135. ⁹) Reden S. 70. ¹⁰) Dialektik § 135.

in jedem Augenblicke redet,[1]) so wird es uns immer schwer fallen, diese Offenbarung anders als im Sinne einer *Selbst*offenbarung zu verstehen, denn zu der Unterscheidung eines *Phänomenalgottes* und eines *Gottes an sich* will sich Schleiermacher allem Anschein nach doch nicht versteigen. Wir haben es somit augenscheinlich mit einer Gottesoffenbarung im Sinne einer gewissen *Selbstmanifestation* zu tun. Selbstverständlich ist von einer erschöpfenden Erkenntnis und begrifflichen Erkennbarkeit des göttlichen Wesens noch keine Rede, wohl aber von einer partiellen. Auch von der Glaubenslehre hören wir mit Verwunderung, dass *Schleiermacher* ein ursprüngliches, von allem Gefühl unabhängiges *vollkommenes Wissen von Gott* keineswegs bestreiten, sondern nur bei Seite stellen will als etwas, womit es die christliche Glaubenslehre niemals zu tun haben kann.[2]) Lässt also *Schleiermacher* das Universum mit völligem Verzicht auf Erkennbarkeit Gottes *Knecht Ruprecht spielen?* Auch auf diesem Punkt finden wir abschwächende Gegenbehauptungen; gegen die Bejahung der Frage in der Dialektik[3]) appelliren mehrere richtige Stellen anderer Werke unwiderleglich an das natürliche Bewusstsein.

Gewiss bleibt eine bedeutende Differenz bezüglich dieses Punktes zwischen *Schleiermacher* und *Hegel* bestehen. Allein sie ist nicht so gross, dass der eine den religiösen Inhalt für völlig unvermittelt, der andere aber für vermittelt erklärte, vielmehr beruht sie darin, dass jener die lebendige *Betrachtung*, dieser das *Denken der spekulativen Vernunft* das appercipirende Organ der Religion bilden lässt. Niemand wird behaupten wollen, dass diese Standpunkte *essentiell* sehr stark differiren, der zugibt, dass die Betrachtung auch denkend, das Denken auch betrachtend sein kann.

Es bliebe hienach die *metaphysische Antithese* allein übrig. Ohne uns über den beträchtlich grossen Unterschied der ausgebildeten Theorien hinwegtäuschen zu wollen, können wir doch selbst hier eine gewisse prinzipielle Verwandtschaft nicht in Abrede stellen. Auch *Schelling* dessen Bestimmung des Absoluten derjenigen *Schleiermachers* ziemlich nahe kommt, bestimmt seine Indifferenz der Gegensätze als Geist, konnte nicht auch dem *Theologen* eine derartige Enderklärung vorgeschwebt haben? Es darf uns daher nicht allzu sehr in Erstaunen versetzen, wenn das Universum, Ganze, Eine gelegentlich auch Welt*geist*, Gott genannt wird,[4]) ist es doch nichts anderes als eine Umprägung der *Schelling*'schen Weltseele.

---

[1]) Reden S. 56. [2]) Glaubenslehre S. 19 f. [3]) § 216,8. [4]) Reden, S. 84 1. Aufl. (1799), verteidigt in den Anmerkungen S. 140, (1821); S. 243 (1. u. 2. Aufl.), 167 (1.—3. Aufl.).

All diese Annäherungen Schleiermachers gegen Hegel, so verborgen sie auch teilweise sich vorfinden und so leidenschaftlich sie von beiden verläugnet werden, sind in den prinzipiellen Ausgangspunkten des Systems begründet, sind durchaus nicht bloss zufällig. *Ebenso aber ist die Denkweise Hegels von derjenigen seines grossen Gegners bei weitem nicht so verschieden, als man gewöhnlich annimmt.* Ich weise auf die folgenden mit Absicht aus möglichst verschiedenen Lebensphasen des Philosophen gezogenen Stellen:

Im August 1796 schrieb Hegel, damals Hauslehrer in Tschugg bei Erlach, Kanton Bern, an seinen Freund Hölderlin ein eigenes Gedicht, betitelt „Eleusis", dem ich zwei Stellen entnehme:

„Mein Aug' erhebt sich zu des Himmels Wölbung.
Zu dir, o glänzendes Gestirn der Nacht!
Und aller Wünsche, aller Hoffnungen
Vergessen strömt aus deiner Ewigkeit herab.
Der Sinn verliert sich in dem Anschaun.
Was mein ich nannte, schwindet.
Ich gebe mich dem Unermesslichen dahin.
Ich bin in ihm, bin alles, bin nur es,
Dem wiederkehrenden Gedanken fremdet,
Ihm graut vor dem Unendlichen und staunend fasst
Er dieses *Anschau'ns* Tiefe nicht.
Dem Sinne nähert *Phantasie* das Ewige,
Vermählt es mit Gestalt . . . ."

„Auch diese Nacht vernahm ich, heilge Gottheit, dich.
Dich offenbart mir oft auch deiner Kinder Leben.
Dich *ahn'* ich oft als Seele ihrer Taten!
Du bist der treue Sinn, der fromme Glauben,
Der einer Gottheit, wenn auch alles untergeht, nicht wankt"[1])

Wir begegnen in diesem Hymnus einer religiösen Stimmung, die derjenigen *Schleiermachers* in den „Reden" genau entspricht, höchstens dass die Form des Ausdrucks sich noch viel heftiger gegen den Willen unklarer Gefühle sträubt. Das Vergessen aller übrigen Lebensmomente, das völlige Verlorensein im Anschauen der Ewigkeit, die Blendung des erst nachträglich hinzutretenden Gedankens, das bewunderungsvolle Ahnen der Gottheit, dieses Ahnen im Tun des *Menschen*, all das sind Züge, die sich Punkt für Punkt in den „Reden" *Schleiermachers* finden, man vergleiche vor allem die Beschreibung des actus mysticus, der Geburtsstunde der Religion.[2])

Doch haben wir hier noch nicht eine Theorie, sondern nur einen plötzlichen Gefühlsausspruch des heimweherfüllten Herzens. Systematisch gedacht sind dagegen folgende, einem Manuskripte

---

[1]) *Rosenkranz* S. 78. S. 80.   [2]) Reden S. 78 (1. Aufl.), S. 55 (2. Aufl.).

Hegels aus dem Jahr 1800 entstammenden Reflexionen: „Das denkende Leben hebt aus dem Sterblichen, Vergänglichen, unendlich Entgegengesetzten heraus das Lebendige, vom Vergehen freie, nicht eine Einheit, eine *gedachte* Beziehung, sondern alllebendes, allkräftiges unendliches *Leben* und nennt es Gott. Diese Erhebung des Menschen, nicht vom Endlichen zum Unendlichen, — denn dies sind nur Produkte der blossen Reflexion und als solche ist ihre Trennung absolut — sondern vom endlichen Leben zum unendlichen Leben ist Religion".[1])

Gerade auf dem Punkte, wo wir bei Schleiermacher nur eine verhältnismässig geringe Annäherung gegen Hegel'sche Gedanken aufweisen konnten, gewahren wir somit bei seinem Antipoden ganz überraschend analoge Anschauungen. Da aber die erwähnten Stellen für Biedermann ausser Betracht fallen (die Biographie Hegels von Rosenkranz erschien erst 1844), müssen wir uns nach weiteren Belegstellen umsehen.

Die Religionsphilosophie *Hegels* (frühestens 1821) sagt an einer berühmten Stelle: „Der Gegenstand dieser Disziplin ist der absolut höchste, diejenige Region, worin alle Rätsel der Welt gelöst, alle Widersprüche des tiefer sinnenden Gedankens enthüllt sind, alle Schmerzen des Gefühls verstummen, die Region der ewigen Wahrheit, der ewigen Ruhe. Alle Verschlingungen der menschlichen Verhältnisse finden ihren letzten Mittelpunkt in der Religion, in dem Gedanken, Bewusstsein, *Gefühl Gottes*. Sie ist so der Anfang und das Ende von allem."[2]) In ihr entladet sich der Geist aller Endlichkeit, *sie* gibt die Befriedigung und die Befreiung; sie ist „absolut freies Bewusstsein, das Bewusstsein der absoluten Wahrheit und so selbst *wahrhaftes* Bewusstsein; als Empfindung bestimmt, ist sie der *Genuss*, den wir *Seligkeit* nennen; als Tätigkeit tut sie nichts anderes, als die Ehre Gottes zu manifestiren die Herrlichkeit desselben zu offenbaren. Die Völker überhaupt haben dann dies religiöse Bewusstsein als ihre wahrhafte Würde, als den Sonntag des Lebens angesehen, aller Kummer, alle Sorge, diese Sandbank der Zeitlichkeit, verschwebt in diesem *Aether*, es

---

[1]) *Rosenkranz* S. 54 f. [2]) Ähnlich betrachtet auch *Schleiermacher* die Religion für die Voraussetzung der Kunst, des Wissens und des ethischen Tuns. (Reden S. 49 ff.). Am stärksten die 1. Aufl.: „Spekulation und Praxis haben zu wollen, ohne Religion, ist verwegener Übermut, es ist freche Feindschaft gegen die Götter, es ist der unheilige Sinn des Prometheus, der feigherzig stahl, was er in ruhiger Sicherheit hätte fordern und erwarten können." — „Sonach steht (bei Schl.) die Religion über der Wissenschaft und Sittlichkeit, beide vereinigend und mit ihrem Geiste durchdringend". (Theodor oder des Zweiflers Weihe, anonym 1822, [von *De Wette*] I. S. 230).

sei im gegenwärtigen *Gefühl* der Andacht oder in der Hoffnung. In dieser *Region* des Geistes strömen die Lethefluten, aus denen Psyche trinkt, worin sie allen Schmerz versenkt, alle Härten, Dunkelheiten der Zeit zu einem Traumbild gestaltet und zum Lichtglanz der Ewigkeit verklärt".[1]

In gleichem Sinne und mit ähnlicher dithyrambischer Beredtsamkeit redet *Hegel* an einer Reihe von Orten,[2] und es wäre sehr einseitig, wenn man seine wahre und wirkliche Auffassung und Beurteilung der Religion in jenen Aussagen erblicken wollte, welche die Religion kaum über *Schopenhauers* lückenbüsserische „Volksmetaphysik"[3] hinausgehen lassen. Allerdings sprechen die kritischen Xenien (1803—1806), die Phänomenologie (1806), die Encyklopädie (1816/1817 gelesen) und andere Schriften ziemlich offen das Postulat aus, die Philosophie müsse den Verlust der Religion ersetzen, resp. die mangelhafte Stufe der Religion als Vorstellung in die absolute des Denkens, der Philosophie aufheben. Selbst die Religionsphilosophie scheut sich nicht, die Religion ein stehen gebliebenes Denken, das durch die adäquat denkende Philosophie überflügelt werde, zu nennen.[4] Anderseits aber schreibt das gleiche Werk der Religion die höchste Stellung zu. Ausser den oben angeführten Passus vergleiche den Ausspruch; „Das letzte ist, dass die Religion überhaupt die *höchste Sphäre* des menschlichen Bewusstseins ist, es sei Ansicht, Wille, Vorstellen, Wissen, Erkennen, das absolute Resultat, diese Region, wohin der Mensch übergeht als in die Region der absoluten Wahrheit".[5]

Dieser Sachverhalt ist nicht anders erklärbar, als dass bei *Hegel* zwei völlig verschiedene Religionsbegriffe vorliegen:[6] ein spezieller, der die Religion mit bestimmten begrifflich-dogmatischen Ausprägungen des frommen Bewusstseins identifizirt, und ein allgemeinerer, der die Religion nicht an solche Einschachtelungen reflektirender Art bindet, und eher mit unserem Worte „Religiosität" bezeichnet würde. Der erstere ist vom Boden des Systems aus gewonnen, letzteren hat die lebendige Erfahrung unmittelbar diktirt. Wir haben eine *Proklamation* und eine *Beichte* vor uns, und die beiden wollen sich nicht decken. Ein weitsichtiger Kopf hätte gleich anfangs erwarten können, dass die Geschichte sehr bald diese Verquickung zweier Begriffe sprengen und in ihre Componenten auflösen werde.

---

[1] *Hegel*, Religionsphil. I, 3 f. [2] z. B. I, 52, 61, 165. [3] *Schopenhauer*, Parerga und Paralipomena V. 338 ff. Welt als Wille und Vorstellung II 190, vergl. S. 192 den Satz: „Nackt kann die Wahrheit vor dem Volke nicht erscheinen." [4] Religionsphil. I, 117. [5] Ib. I, 30. [6] So auch *Seydel*, Religionsphil. S. 25.

Mit diesen Ausführungen glauben wir die behauptete vielfache innere Verwandtschaft *Schleiermachers* und *Hegels* erwiesen zu haben. Es bleibt uns nur übrig, zum Verständnis des eigentümlichen Verhältnisses ein abschliessendes Votum abzugeben.

Bereits stellten wir Schleiermacher und Hegel als Herrnhuter und Rationalist höher Ordnung einander gegenüber, als Romantiker des Gefühls und der Reflexion. *Das ist die psychologische Fundirung des Gegensatzes,* den die Geschichte hervortrieb. Hier Vorwiegen des Gefühls, dort des Intellekts. Das Gefühl ist seiner Natur nach gerne passiv, das Denken aber aktiv — so will Schleiermacher sein Gefühl in kindlicher Passivität sich von den äusseren Einflüssen erfüllen lassen,[1]) das Denken Hegels aber schwingt sich in kühnem Fluge auf eigenen Fittigen empor zu den Höhen der Gottheit, dass jede Schranke falle zwischen dem endlich Bedingten und dem Allbeherrschenden. Es ist der Gegensatz des demütigen Frommen und des stolzen Weisen, hier seliges Genügen, wenn und dass Gott sich zum Menschen herniederbeugt, dort ungestilltes Verlangen, bis der Mensch Gott gleich geworden und ihm ins Angesicht schaut, also jener nämliche Unterschied, der die morgenländische und die abendländische Christologie,[2]) den semitischen und indogermanischen Gottesglauben[3]) charakterisirt. — *Schleiermacher* schreitet nach einem Bilde von *David Strauss*[4]) im Philosophen- und Rhetorenmantel einher; ja, aber in diesem Gewande verbirgt sich ein religiöser *Rousseau*, und seine Predigt lautet: „Zurück zur Natur!"[5]) Weg von Metaphysik und Moral, hin

---

[1]) Reden S. 137. [2]) *Harnack*, Grundriss der Dogmengeschichte. S. 242. [3]) *Ernest Renan*, De la part des peuples sémitiques dans l'histoire de la civilisation. [4]) *David Friedrich Strauss*, Schl. u. Daub, zuerst Halle'sche Jbb. 1839, dann in den „Charakteristiken und Kritiken". [5]) Vergl. namentlich auch die dritte seiner „Reden", z. B. S. 175: „Seht, wie das himmlische Gewächs (der Religion) ohne euer Zutun mitten in euern Pflanzungen gedeiht. *Störet es nicht und rauft es nicht aus.*" S. 153: „Das Universum bildet sich selbst seine Betrachter und Bewunderer." „Der Mensch wird mit der religiösen Anlage geboren wie mit jeder andern, und wenn nur sein Sinn nicht gewaltsam unterdrückt wird . . . ., so müsste sie sich auch in jedem unfehlbar auf seine eigene Art entwickeln" (154). Wer hindert das Gedeihen der Religion? Antwort: Die verständigen und praktischen Menschen von heutzutage! . . „Von der zarten Kindheit an misshandeln sie den Menschen und unterdrücken sein Streben nach dem Höheren." (154). Man sieht, dass Schleiermacher nicht nur im allgemeinen die Mission Rousseaus aufnahm, sondern von den Ideen dieses Mannes tief durchdrungen war. Gerade die angeführten Sätze, erinnern sie nicht im höchsten Grade an die Grundsätze des Emil: Il faut laisser (aux enfants) l'usage de toutes les forces que la nature leur donne, et dont ils ne sauraient abuser." „Il faut, dans les secours qu'on leur (aux enfants) donne, se borner uniquement à l'utile réel . . ." (Rousseau, Emile, Paris 1874, p. 48) und ähnliche Fundamentalideen?

zur Quelle eigener Erfahrung, zur Anschauung des Universums." Den Sophisten nicht unähnlich, möchte er mit *Protagoras* ausrufen: Πάντων χρημάτων μέτρον ἄνθρωπος, nur dass dieser ἄνθρωπος eben der mit objektivem Inhalt angefüllte, der inspirirte und nicht der vernunftmässig messende Mensch ist. *Hegel* dagegen gleicht *Sokrates*, der, obwohl ein Todfeind selbstvergnügter Autoritätsvergötterung, dennoch mit aller Kraft den atomisirenden Tendenzen der Subjektivisten entgegentrat. Wie Sokrates bekämpfte auch Hegel die individualistische Willkürherrschaft seiner Zeit, die massloser Zersplitterung entgegenzueilen drohte.¹) wie jener fand er einen unerschütterlichen Damm gegen die Anarchie des Gefühls in der gemeinschaft-bildenden Macht des Gedankens. *Schleiermacher ist ein zweiter Rousseau, Hegel ein zweiter Sokrates auf dem Gebiete der Religionsphilosophie.* Jener begeisterte als Prediger die Menge, seine Cultusstätte war das Gotteshaus: dieser aber erbaute sich einen eigenen Tempel: die Philosophie der absoluten Idee.²)

War ein Unterschied in der geistigen Beanlagung beider Denker von Anfang an gegeben, so drängte die extrembildende Macht der Geschichte darauf hin, den Unterschied zum Gegensatz zu steigern. Die ursprüngliche *Präponderanz* von Gefühl oder Denken, wie wir sie bei *Schleiermacher* wie *Hegel* gefunden haben, wurde zur Behauptung des *ausschliesslichen* Eigentumsrechtes jeder dieser Funktionen auf die Religion. Indem ersterer sich der theologischen Laufbahn zuwandte in richtiger Erkenntnis seiner Berufung, war sein Interesse bleibend an das religiöse Phänomen als eine geistige Grundtatsache gekettet, Hegel dagegen als Philosoph, und zwar als spekulativer Philosoph sah sich einem weit grösseren Umkreis von Tatsachen gegenüber. Darum ist *Schleiermacher* induktiver Empirist, ausgehend von der unmittelbar vorliegenden frommen Erfahrung, die er nicht erst durch ein System garantirt zu haben braucht,³) *Hegel* aber gelangt, den Boden der Empirie verlassend, erst als *Biograph der Idee*, indem er ihre „logischen" Bahnen verfolgt,⁴) zu der Etappe der Religion, woselbst er aber consequenterweise nicht verweilen darf. — Infolgedessen fasst Schleiermacher das religiöse Leben mit Betonung der *Subjektivität* vorwiegend von der psychologischen, Hegel von der metaphysischen Seite, wobei die *Objektivität* der Religion hervortritt. So gerieten beide, indem sie ein einzelnes, ob auch hervorragendes Moment des religiösen Prozesses herausgriffen und diese Resultante zum organisirenden Prinzip eines Lehrsystems erhoben, in Einseitigkeit,

---

¹) Wenn es schon heisst: „Quot capita, tot sententiae", was für eine Anarchie müsste erst aus der Betonung des Gefühls hervorgehen! ²) Religionsphil. I, 5. ³) Reden 63. ⁴) Religionsphil. I, 60.

besonders da die geschichtliche Lage, der Rationalismus mit seinem trockenen, der Religion allen Saft aussaugenden Moralismus, die Orthodoxie mit ihrer die lebendige Religion gleichfalls erstickenden Vergötterung des Intellekts. die Gefahr einer zur völligen Negation übertriebenen Opposition erheblich gemacht hatte. *Hegel* wurde zum *Scholastiker*, (auch seine Verachtung der Empirie erinnert ganz an die mittelalterliche Weltflucht), *Schleiermacher* zum *Agnosticist*, er verzichtet auf Erkenntnis Gottes.

Doch waren es fruchtbare Einseitigkeiten, die sich gegenseitig ergänzten. und es ist ein treffliches Bild, wenn der Volksmund sie „Salz und Pfeffer" nannte.¹) Und wenn die beiden grossen Geister sich auch im persönlichen Verkehr gegenseitig abstiessen, so gilt eben das Wort:

„Zwei Männer sind's, ich hab es lang gefühlt,
Die darum Feinde sind, weil die Natur
Nicht *einen* Mann aus ihnen formte."²)

Die Nachwelt aber dankt der Geschichte für diese Entzweiung.

Hegels System erfuhr sehr bald eine fast unerhörte Anerkennung. Die Welt der Gebildeten machte sich mit ihm bekannt und murmelte in staunender Ehrfurcht Hegel'sche Zauberformeln. Selbst von Schleiermachers Schülern gingen viele, und zwar gerade von den begabtesten, wie z. B. *Rosenkranz*, ins Hegel'sche Lager über. Die Hegel'sche Eiche entzog der Schleiermacher'schen Palme die Nahrung. *David Strauss* schildert jene Zeit mit den folgenden Anfangsworten seiner Glaubenslehre: „Es waren schöne, hoffnungsreiche Friedenstage für die Theologie, mit welchem das vierte Jahrzehnt unseres Jahrhunderts sich eröffnete. Dem langen Hader zwischen Philosophie und Religion schien durch Verschwägerung beider Häuser ein glückliches Ziel gesetzt, und das Hegel'sche System wurde als Kind des Friedens und der Verheissung ausgerufen, mit welcher eine neue Ordnung der Dinge beginnen, zu dessen Zeiten die Wölfe bei den Lämmern wohnen und die Pardel bei den Böcken liegen sollten. Weltweisheit, die stolze Heidin, unterwarf sich demütig der Taufe und legte ein christliches Glaubensbekenntnis ab, wogegen der Glaube seinerseits keinen Anstand nahm, ihr das Zeugnis vollkommener Christlichkeit auszustellen".³) — So war es indertat. Man eilte zum Hegelismus wie zu einem mächitg aufblühenden Bankhause, das unentgeltlich seine Anteilscheine ausgibt. Selbst die orthodoxesten Männer kamen gelaufen,

---

¹) *Friedr. Todt*, Die theologische Fakultät der Universität Berlin, 1896, S. 5. ²) *Goethe*, Torquato Tasso III, 2. ³) *Dav. Strauss*, Die christliche Glaubenslehre I, 1 f.

Leute, die es dem äusseren Anscheine nach eigentlich gar nicht nötig gehabt hätten. Aber wenn man zu den Renten des Glaubens auch noch die Zinsen des Kulturkapitals einziehen konnte, warum hätte man sie denn verschmähen sollen? Das neue Leihinstitut übte folglich eine mächtige Anziehungskraft aus. Bankdirektor *Marheinecke*, seit 1820 der Kollege *Schleiermachers* als Prediger an der Dreifaltigkeitskirche zu Berlin, hängte die hehren Namen der Trinität, der Menschwerdung Gottes und andere zugkräftige Titel aus und drückte der herbeiströmenden Menge, die misstrauisch, aber bewundernd vor dem stolzen Geschäftshause der Firma Hegel stehen blieb, als ermutigenden Prospekt des neuen Unternehmens das Apostolikum in die Hand.[1]) „Nur mutig hereinspazirt", rief *Göschel* und zeigte dem staunenden Volke ein unfehlbares Rezept, vermittelst dessen man aus echt Hegel'schen Dokumenten beispielsweise die leibliche Verklärung beweisen konnte. Wer das Experiment nicht fertig brachte, weil er es nicht begriff, freute sich dennoch und verkündete nicht weniger stolz der zweifelnden Mitwelt als neueste Errungenschaft der endlich, endlich zum Schauen durchgedrungenen Vernunft, dass andere es konnten. Der Jurist *Stahl* wusste der Firma beinahe ein Patent als königlich preussische Staatsbank auszuwirken, die rosigste Laufbahn schien ihren Adepten bestimmt. Hegel war der Mann des Tages, der Prophet der Weisen und Unmündigen, die Säule der Herrschenden, der grosse Schirmherr der Gläubigen. In seinem Namen segneten sich die Parteien der Erde.

Aber o weh! Die Herrlichkeit war von kurzer Dauer. Die Verschiebung des geistigen Kapitals war zu schroff, als dass die Krisis lange hätte ausbleiben können. Die Hegel'sche Philosophie trug den Keim der Opposition in sich. In dem linken Flügel des Riesengebäudes siedelten sich radikale Gesellen, rohe Jakobiner an, Leute, die es insgeheim sogar mit der exakten Forschung hielten und — welche Verhöhnung des Patriarchen — bei der Naturwissenschaft borgten. Die Spaltung wuchs immer mehr, und bald war es dazu gekommen, dass die äusserste Linke den Namen des Christentums lästerte, während die Rechte das apostolische Glaubensbekenntnis als Compendium des Hegelismus ausrief. Frauenstädt, Daumer und andere forderten von der Philosophie das offene Bekenntnis, dass zwischen der Philosophie und Religion eine unübersteigliche Kluft bestehe. *Strauss* sezirte nach den anatomischen Grundsätzen Hegels das christliche Dogma und wies Glied für Glied Fäulnis und Verwesung nach, und wie gar der Name *Feuerbach* erschallte, da

---

[1]) Vergleiche *Marheinecke*, Lehrbuch des christl. Glaubens, 2. Auflage, 1836.

war's, als ob der Feuerruf erklungen wäre in den prunkenden
Räumen. Zionswächter *Hengstenberg*, der in seiner 1827 gegründeten „evangelischen Kirchenzeitung" schon lange von unheimlichen
Dingen orakelt hatte, stiess laut ins Schlachtenhorn und verkündete
den regierenden Kreisen, welch giftige Natter sie am ahnungslosen
Busen genährt hatten. Selbst der so bescheidene, sanfte Neander besann
sich auf sein jüdisches Blut und donnerte in blindem Fanatismus³)
wider den Moloch der Philister, den Gott der Hegelianer. Auf der
anderen Seite gingen die Radikalen über Feuerbach noch weit hinaus,
Stirner und andere rechneten ihn zu den „Theologen, gläubigen
Heuchlern, knechtischen Naturen",⁴) und mit grimmiger Ironie liess
der radikalste der Radikalen, *Bruno Bauer*, anonym seine „*Posaune
des jüngsten Gerichts wider Hegel, den Atheisten und Antichristen*"
erschallen,⁵) ein komisch boshaftes Zerrbild pietistischer Entrüstung.
Es war ein heilloses Wirrwarr, eine regelrechte Revolution! In
hellen Schaaren stürzten zuerst die Orthodoxen aus dem wankenden
Gebäude des Hegelismus, denn lieber wollen sie das Nebenprofitchen
moderner Bildungselemente preisgeben, als den Heiligenschein uralter, durch Jahrhunderte erprobter Rechtgläubigkeit gefährden.
Ihnen folgten raschen Laufes die Junghegelianer, die im eigenen
Hause alles kurz und klein geschlagen hatten, und daher ohne
Schmerzen auszogen; denn gemütlich war es ihnen in den weltfeindlichen Klostermauern des imposanten Gebäudes doch nie gewesen.

Im Zentrum aber verharrte unentwegt ein kleiner Trupp kernhafter Leute, stark genug, um sich gegen rechts und links selbständig zu behaupten, einsichtig genug, sich durch keine Schlagwörter imponiren zu lassen, Männer wie *Vatke*, *Zeller*, *Erdmann*,
C. Schwarz u. a., der grösste *systematische* Denker unter ihnen
aber war wohl *Vatke*, der Lehrer Biedermanns.⁶) Diesen Männern
verdankt es die Firma Hegel, dass noch heute ihr Bankerott

---

¹) *Biedermann*, H. Lang S. 41. ²) *Biedermann*, Vortr. S. 134 (F. Chr.
Baur). ³) Bei jenem bekannten Geburtstagständchen vom 16. Januar 1841,
vergl. Biedermann. Erg. S. 393. ⁴) Carl Schwarz, Zur Geschichte der neuesten
Theologie, 3. Aufl. 1861, S. 207. ⁵) Vergl. *Überweg* III, 417. *J. Kreyenbühl*
scheint sich in seinem Buche „Die Notwendigkeit und Gestalt einer kirchlichen
Reform", S. 54, über den Sinn und Zweck dieses 1841 anonym erschienenen
Buches zu irren. Das Buch ist durchaus ironisch (Vergl. *K. Hase*,
Kgsch. III, 2. Teil, S. 512). Oder kennt der gelehrte Verfasser eine andere
Schrift dieses Namens? ⁶) Es ist ungemein zu bedauern, dass Vatke diese
Stellung nicht von allen Seiten zugeschrieben wird. Selbst das zweibändige
Werk von *Pünjer* würdigt diesen geistvollen Denker keiner eingehenden Besprechung. Soll es Vatke in der Religionsphilosophie ergehen wie mit seinen
alttestamentlichen Leistungen?

nicht unbestritten anerkannt ist, sondern dass noch immer höchst dankenswerte, obschon nicht racenreine Leistungen aus ihr hervorgehen.

Mit einem Worte sei auch der *treibenden Kräfte* in diesem Umschwung gedacht. Wir haben in *Hegel* selbst widersprechende Elemente aufgedeckt und dem starren Gefüge des Systems zuwider den lebendigen Pulsschlag der persönlichen Erfahrung vernommen. Allein in *Hegel* selbst war die letztere im Allgemeinen gebunden. Hegel hatte in potenzirtester Form das Prinzip ewiger Entwicklung proklamirt und dennoch das Denken in angeblich ewige, eiserne, Fesseln gelegt und zur Ruhe gebracht. Dagegen empörte sich der gesunde Sinn, die reale Wirklichkeit, das ewig frei sein wollende Denken. Gewiss, wir haben in der nachhegelschen Dekadenz nichts anderes als *die Reaktion des vergewaltigten Realismus.*[1])

Suchen wir nach den Vermittlungen dieses Realismus, so finden wir insbesondere, nicht ausschliesslich, deren zwei: *Schleiermacher* und *die Naturwissenschaft. Dav. Strauss, Ferd. Christian Baur, Feuerbach* waren Schleiermacherianer, bevor sie zu Hegel hinübertraten.[2]) Die Hegel'sche Philosophie allein hätte keine solche Erscheinungen hervorrufen können.[3]) Vor allem die kritischen Arbeiten von David Strauss hatten an Schleiermachers Vorlesungen über das Leben Jesu ein zum Teil grossartiges Vorbild, und sie waren es, die 1831 Strauss von Tübingen nach Berlin zogen.[4]) Aber ebenso waren es Schleiermachers Anschauungen über das Wesen der Religion, die Strauss Jahrzehnte lang, zumal in der letzten Zeit, beeinflussten. Ich mache darauf aufmerksam, dass die vielumstrittenen *„Wir"* des *„alten und neuen Glaubens"* niemand *anders sind als die „Ihr" der Schleiermacher'schen „Reden".*[5]) *Strauss hob den Handschuh auf, den Schleiermacher den gebildeten Verächtern der Religion hingeworfen hatte und bewies aus der eigenen Theorie des Redners, dass der Vorwurf der Irreligiosität ungerechtfertigt gewesen*, gewiss wenigstens nach dem Schleiermacher'schen Religionsbegriff.[6]) — Auch *Feuerbachs Illusionstheorie* ist durch und durch von den Gedanken des grossen Reformators der neueren Theologie erfüllt, und so sehen wir denn hier die Antithese Schleiermacher-Hegel von der destruirenden Seite aus verwertet.

---

[1]) *C. Schwarz*, S. 202. *L. Feuerbach* erstrebt in seinem „Wesen des Chr." nur die pneumatische *Wassertherapie* der *natürlichen Vernunft* (S. VIII). [2]) Ib. S. 27. [3]) Ib. S. 27. [4]) Ib. S. 27. Einen andern Grund erzählt *C. J. Kambli*. Dav. Fr. Strauss, S. 8. *H. Benecke*, W. Vatke, S. 71. Die grosse Beeinflussung Strauss' durch Schleiermacher jedoch S. 75. Vergl. *Hausrath* I 67, 63. [5]) *Man vergleiche nur z. B. „Reden" S. 2 mit „A. u. n. Glaube" S. 198 ff.* (12—14. Aufl.). [6]) Strauss S. 93 ff.

Sehr einseitig aber ist es, die Anteilnahme der *Naturwissenschaften* an der Zersetzung des Hegelismus zu unterschätzen, wie es meistens geschieht. Die von Hegel expropriierte empirische Forschung rächte sich durch verzweifelte Angriffe auf die Spekulation. Nicht umsonst sollte Hegel im Jahre 1801 die Existenz der ohne sein Wissen am 1. Januar desselben Jahres durch Piazzi bereits entdeckten Ceres aus spekulativen Gründen als unwahrscheinlich abgelehnt haben.[1]) Feuerbach beruft sich fortwährend auf naturwissenschaftliche Tatsachen.[2]) Schon der zweite Satz seines „Wesen des Christentums" handelt von der Religiosität des Elephanten[3]), und der dritte vergleicht unter Berufung auf Cuvier die elephantische Intelligenz mit der des Hundes;[3]) die Methode der analytischen Chemie leitet ihn auf seinen Untersuchungen,[4]) das gegenwärtige Aufblühen des Empirismus und Materialismus[5]) war sichtlich ein Stimulus zu seiner gesamten Schwankung vom Hegelismus zum Materialismus.

Als nun diesermassen der Hegelismus ins Wanken geriet, als nun einmal der spröde Panzer der apriorischen Begriffs-Dialektik vor den Lanzenstichen der historischen Kritik und den Schwerthieben der Naturwissenschaften rissig geworden war und Stück um Stück abfiel, was Wunders, dass man wieder zur Tarnkappe des Schleiermacher'schen Gefühlsprinzips griff, um vor Stich und Hieb geborgen zu sein? Das taten denn auch viele Theologen und zogen sich auf den Gefühlsstandpunkt zurück, in ein Schneckenhaus, das allerdings niemand kontrolieren und bekriteln kann, da niemand in dasselbe hineinsieht. Und merkwürdig, wie leicht das Vacuum des Gefühls sich mit dem buntesten Inhalt füllte! Die Bilder der Aussenwelt, Kirchenlehre, Kritik, Wissenschaft zogen mit hinein in das Schneckenhaus und gaben sich plötzlich als die ureigendsten Innenfunde des Subjekts. — So beobachten wir also entsprechend dem Rückschritt des Hegelismus ein neues Anwachsen Schleiermacher'scher Grundsätze, eine Reihe von Synthesen der beiden Koryphäen, namentlich in Süddeutschland und der Schweiz.[6]) Die genialste unter ihnen aber, eine durchaus als Neuschöpfung zu bezeichnende Arbeit, ist das System A. E. Biedermanns.

---

[1]) *Falckenberg*, Geschichte der neueren Philosophie, 2. Aufl., 394 f., *Rosenkranz*, S. 154 f. [2]) *Wesen des Chr.* S. 1, 3, 6, 10, 36, 43, 275 u. a. [3]) *Feuerbach*, Wesen des Chr. S. 1. [4]) Ib. S. VI. [5]) Ib. S. 275 f. [6]) *Biedermann*, Aufs. S. 110, *Schwarz*, S. 27.

I. Abschnitt:
Die religionspsychologischen Grundgedanken Biedermanns im Stufengang ihrer Entwicklung.

Motto:
Vorstellungen ohne Gefühle sind leer, Gefühle ohne Vorstellungen sind blind (Vgl. Kant Kr. d. r. V. 77: „Gedanken ohne Inhalt sind leer, Anschauungen ohne Begriffe sind blind.".

Die Scheidung der Religionsphilosophie in *Religionspsychologie* und *Religionsmetaphysik*, welche immer mehr an Zustimmung gewinnt, und auch von Biedermann ausdrücklich anerkannt wurde,[1] lässt sich nicht in der Weise durchführen, dass die erstere sich mit der blossen psychologischen Form, abgesehen vom Inhalte, mit der seelischen Tätigkeit im religiösen Akte als solcher, die Religionsmetaphysik dagegen mit den inhaltlichen Momenten befasste. Die Verbindung von Form und Inhalt ist in der Religion zu eng, um vernünftigerweise dermassen gesprengt zu werden.[2] Vielmehr hat Biedermann eine solche Zweiteilung im Auge, welche einerseits die als Bewusstseinstatsachen empirisch vorliegenden religiösen Phänomene induktiv analysiren und das Gemeinsame und gegen aussen Abgrenzende hervorziehen, anderseits in der zweiten Hälfte dem Ursprung und metaphysischen Grunde nachforschen hiesse.[3]

Biedermann hat diesen Gang der Untersuchung zum ersten Mal in seiner „Dogmatik" (1869) eingeschlagen, nachdem er in seinen früheren Schriften bei der Erkenntnistheorie und Metaphysik fast insgeheim begonnen hatte, um alsbald das Wesen seines Objektes aus den gewonnenen Grundsätzen abzuleiten.[4] Doch auch in der „Dogmatik" verfuhr Biedermann bei seinem induktiven Vorhaben nicht konsequent genug. Selbst die zweite Auflage springt zu rasch von der Induktion auf die „spekulative", metaphysische Deduktion über, obschon sie gegenüber der ersten beträchtliche Fortschritte in einer billigen Würdigung des analytischen Momentes aufweist.[5] Noch immer wird die Offenbarung Gottes als Vernunfttrieb, Gewissen, reale Freiheit, in Natur und Geschichte auf spekulativem Wege gewonnen, ja sogar von dem psychologischen Entwicklungsgang des Glaubens erst im spekulativ-metaphysischen Teile Notiz genommen. *Hartmann*[6] und *Pünjer*[7] dürfen sich hierin weit grösserer Konsequenz und systematischer Korrektheit rühmen.[8] Weit schwieriger noch

---

[1] Biedermann, Dogmatik 2. Aufl. S. XIII.
[2] Vergl. Biedermann, Ed. von Hartmanns Religionsphil. Prot. Kirchenzeitung 1882, S. 1115. [3] Dass Biedermann nicht die Einteilung in Phänomenologie und Ontologie bevorzugt, scheint mir in seiner antikantischen Denkweise begründet zu sein. [4] Vergl. Biedermann, Freie Theologie S. 12. [5] Jedenfalls hätten die *Pfleiderer* gemachten Zugeständnisse (Prot. Kirchenztg. 1878, S. 1071) eine grössere Erweiterung der „Induktion" erwarten lassen. [6] *Ed. von Hartmann*, Die Religion des Geistes, 1882. [7] *Bernhard Pünjer*, Grundriss der Religionsphilosophie 1886. [8] *Hartmann* allerdings verfällt beinahe in den gegenteiligen Fehler, der Psychologie allzuviel Metaphysisches anzuvertrauen.

ist es aber, in den früheren Werken Biedermanns die „psychologische" und metaphysische, die analytische und synthetische, die empirische und spekulative Betrachtungsweise auseinanderzuhalten. Es wird deshalb nicht zu umgehen sein, dass wir, den Biedermann'schen Gedankengängen nachgehend, mitunter auf metaphysische und daher zugleich erkenntnis - theoretische Fragen übergreifen, wenn wir den Zusammenhang und die Übersichtlichkeit nicht gänzlich verlieren wollen.

Biedermanns Erstlingswerk „Die freie Theologie" [1]) bezweckte, wie schon der erweiterte Titel verkündet, das Verhältnis von Philosophie und Christentum, ihre Vereinbarkeit und ihren Zwist, zu erläutern, das Christentum vor den Invektiven der Philosophie zu sichern, aber ebenso mit Entschiedenheit das Recht freien philosophischen Denkens zu verteidigen. Diesen Endzweck suchte sie ganz einfach dadurch zu erreichen, dass sie Religion und Philosophie für spezifisch verschiedene Seiten, verschiedene Tätigkeiten und Sphären des Geistes erklärte, [2]) und jede partielle Bedingtheit der religiösen *Form* für irrelevant bezüglich des religiösen *Inhaltes* erklärte.

Die Grundgedanken sind des Näheren folgende: Die Philosophie ist eine Geistessphäre, in welcher das Ich als *denkendes* in Betracht kommt.[3]) Im Denken aber beschäftigt sich der Philosoph mit seinem Stoffe nicht nach seiner, des Subjekts, Besonderheit, sondern gemäss seiner Allgemeinheit, denn das Denken ist im Gegensatze zum Gefühl nichts individuell Verschiedenes, sondern eine *allgemeine* Funktion, die über individuelle Bedingtheit und Zufälligkeit hinausragen muss, sofern sie nicht auf das Niveau der blossen Meinung herabsinken soll. Das Ich betätigt sich somit in der Philosophie als Allgemeines.[4]) — Ebenso ist aber auch der *Inhalt* der Philosophie ein Allgemeines, und zwar wird das Wesen dieses Allgemeinen in einer etwas überraschenden Weise bestimmt. Da jedes Objekt eine Bestimmtheit *meiner selbst* ausmacht, kann nur *Wesensverwandtes* und daher Geistseiendes mit mir in Verbindung treten.[5]) Gleiches ist nur für Gleiches, [6]) folglich können nur ideelle Grössen, Gedanken, oder, nur das Wort vertauscht, kann nur mein eigenes, kann nur menschliches Wesen für mich Erfahrungsgegenstand sein, denn menschlich in diesem Sinne ist alles, was überhaupt in Beziehung zum Menschen und in sein Bewusstsein tritt.[7]) Objekt der Philosophie ist die ganze Welt, nicht zwar der äusseren Existenz

---
[1]) Die Freie Theologie oder Philosophie und Christentum in Streit und Frieden. Tübingen 1844. [2]) Fr. Th. 27, 34, 36, 63, 110, 145, 179. [3]) Fr. Th. 18. [4]) Fr. Th. 19. [5]) Fr. Th. 15 ff. [6]) Fr. Th. 15, 38. [7]) Fr. Th. 21, 208 Vergl. *Schiller,* Philos. Briefe („Theosophie des Julius"): „Welchen Zustand wir wahrnehmen, in diesen treten wir selbst. In dem Augenblicke, wo wir sie uns denken, sind wir Eigentümer einer Tugend, Inhaber einer Glückseligkeit. *Wir selber werden das empfundene Objekt.*"

nach,[1]) sondern nach ihrem Innern, Gedanken, nach ihrem Allgemeinen,[2]) die Idee in ihrer Allgemeinheit.[3]) Dem entsprechend ist Philosophiren nichts anderes als Reflexion des Bewusstseins auf sein eigenes Wesen,[4]) und zwar als *allgemeine* Tätigkeit Reflexion auf sein *allgemeines* Wesen. „Ihr Umfang ist eins mit der allgemeinen Natur des Menschen, und ihre Grenze ist die Grenze des Bewusstseins selbst."[5]) Das höchste Allgemeine nun, und damit das höchste Ziel der Philosophie ist das Absolute, das somit diese ganz in Anspruch nimmt.[6]) Alles zusammengenommen könnten wir im Geiste Biedermanns die Definition aufstellen: *Philosophie ist Verhalten des Ich nach seiner Allgemeinheit zum Allgemeinen.*

Die *Religion* dagegen wird fortwährend als ein spezifisch andersartiges Verhalten qualifizirt. Kam in der Philosophie das Ich nach seiner Allgemeinheit in Betracht, so ist es die lebensvolle Konkretheit des individuellen Seelenlebens, welche mit den Kleinodien der religiösen Werte betraut wird. Die Philosophie gehört dem *Typus* Mensch, die Religion ist ein *privatissimum*, jene ist *unser*, diese *mein* Eigentum, so ungefähr liesse sich der Gegensatz charakterisiren. (Die Ausdrücke sind nicht biedermannisch). Es verhält sich in der Religion — dies ist das Spezifische der religiösen Tätigkeit des Geistes, die sie von jeder andern als eine eigentümliche unterscheidet — der Mensch *gerade als dieser Einzelne* nach der *individuellen* Bestimmtheit seines *jeweiligen* geistigen Zustandes zu seinem allgemeinen Wesen.[7]) Die Religion ist ein praktisches Verhalten, die Philosophie ein theoretisches,[8]) mit dieser Formel werden die beiden gegeneinander verselbständigt und als absolute Sphären proklamirt.[9])

Nur darf diese Absolutheit nicht in dem Sinne aufgefasst werden, dass die Religion sich von der Philosophie nichts brauche sagen zu lassen, oder dass letztere gegen die Aussagen des frommen Gemütes eine hohe Mauer aufwerfen müsse resp. dürfe. Die Religion nämlich umfasst ein theoretisches Moment als notwendige Bedingung des Glaubens. „Denn der Mensch kann nicht unmittelbar in seiner individuellen Bestimmtheit sich ohne weiteres mit dem seiner Einzelheit objektiv gegenüberstehenden und von ihr verschiedenen Allgemeinen in Beziehung bringen und in Verbindung setzen. Gleiches ist nur für Gleiches. Darum tritt das theoretische Bewusstsein als notwendiges Mittelglied ein".[10]) Aber gänzlich verfehlt wäre es, in diesem Gegenständlichen schon das Ganze der Religion erblicken zu wollen, vielmehr muss *das Gewusste ins u:-*

---

[1]) Fr. Th. 17. 18. [2]) Fr. Th. 20. [3]) Fr. Th. 11. [4]) Fr. Th. 13. [5]) Fr. Th. 21.
[6]) Fr. Th. 46. [7]) Fr. Th. 34,41. [8]) Fr. Th. 34. [9]) Fr. Th. 32, 112 u. ö., Junghegelsche Weltanschauung 124. [10]) Fr. Th. 38, cf. 12 m., Junghegel-Weltanschauung 119. 125.

mittelbare Selbstbewusstsein oder Gefühl reflektirt werden. Nur der einheitliche Akt[1] der inneren Vermittlung dieser beiden Momente ist religiöser Natur. Das als wahr Anerkannte und Angenommene muss auch ins *Herz* (man beachte den Ausdruck), ins individuelle Geistesleben aufgenommen werden,[2] erst von diesem Augenblicke an können wir von Religion reden.

Da die Religion ein theoretisches Moment voraussetzt, dieses aber nach der transscendentalen Voruntersuchung nur mein eigenes und zwar allgemeines Wesen zum Inhalt haben kann, folgen mit logischer Notwendigkeit die Formeln: *Religion ist die .. Vermittlung des Einzelnen mit seiner Wesensallgemeinheit,*[3] die wahre Form *der Vermittlung des* **konkreten** *Ichs mit seinem allgemeinen Wesen,*[4] oder mit Einem Worte: *Religion ist* **praktisches** *Selbstbewusstsein des Absoluten.*[5]

Dieser seiner Zeit fast allgemein missverstandene Ausdruck besagt, wie aus dem Zusammenhang mit Bestimmtheit hervorgeht: Die Religion ist Bewusstsein *von* einem *Absoluten,* enthält also ein theoretisches Moment, sie ist *Selbst*bewusstsein wegen der Homousie des Ob- und Subjekts, und *praktisch,* weil sie nicht in einem *theoretischen* Tun aufgeht. Biedermanns eigene 40 Jahre später gegebene Interpretation[6] trifft im Einzelnen nicht zu, obwohl indertat ein Umschwung der Ansichten nicht verzeichnet werden muss.

Nachdem wir nunmehr das Wesen der Religion festgestellt haben, liegt es uns ob, das Verhältnis des theoretischen Momentes der Religion zur philosophischen Erkenntnis festzustellen. Wir erhalten die klare Auskunft: „Das ganze theoretische Moment fällt vollständig in den Bereich der Philosophie und kann ihr gegenüber keine Selbstständigkeit in Anspruch nehmen."[7] Die Kritik hat somit hier den freiesten Spielraum, kann resp. soll diktiren und abrogiren, binden und lösen mit souveräner Allgewalt. Das Dogma soll durch die Philosophie von seinen inadäquaten Schlacken gereinigt und aus den Niederungen des bloss vorstellungsmässigen Denkens in die „reine Bergluft" des begrifflichen, vollkommenen Gedankens erhoben werden. Damit aber wird der Religion selbst kein Häkchen weder hinzugefügt noch geraubt, und das ängstliche Gemüt hat keinen Grund, den exitus letalis seines religiösen Lebens, herbeigeführt durch das herzlose Messer der Kritik, zu befürchten. Vielmehr, „wie schon die unterste Stufe des Denkens, so wie der Mensch aus der tierischen

---

[1] Fr. Th. 41. [2] Fr. Th. 37. [3] Fr. Th. 53, 78, 211. [4] Fr. Th. 64, 112, Junghegelsche Weltansch. 124. [5] Fr. Th. 41, 43. [6] Dogmatik² I, 242, vergl. auch Junghegelsche W. 114, woraus deutlich hervorgeht, dass die trichotomische Psychologie Biedermann damals noch wenig interessirte. Noch die „Erinnerungen" wissen nichts davon, in *Selbst*bewusstsein das Gefühls-, in *praktisch* das Willensmoment zu sehen. (Vortr. 411). [7] Fr. Th. 28, 46.]

Indifferenz der Momente seines Wesens zur Differenz sich erhebt",[1]) zur Religion sich vertieft und erhebt, so vollzieht sich auch auf der höchsten Stufe philosophischer Erkenntnis jene religiöse Reflexion des gegenständlichen in das zuständliche Bewusstsein.[2]) Die Religion ist somit auf allen Wissensstufen möglich. Aber noch mehr: Während die äussere Ausprägung der Religion wechseln kann, lässt sich ein Beharren des religiösen Kernes, des *Prinzips*, sehr wohl denken, da dieses nur in der *Bestimmtheit der Wechselbeziehung* zwischen dem endlich-konkreten Ich und seinem allgemeinen Wesen besteht.[3]) Damit ist auch die Möglichkeit geschichtlicher Entwicklung der Religion gesetzt: Das theoretische, wie das persönlich-individuelle Leben kann Wandlungen eingehen, und dennoch das religiöse Prinzip verharren, ebenso aber auch die nämliche Vorstellung verschiedenen Religionen angehören.[4]) Dass die Vorstellung gedanklich *geläutert* werde, alterirt den religiösen Bestand nicht mehr, als es das mathematische Resultat ändert, wenn ³/₄ statt ⁶/₈ angesetzt wird,[5]) oder den physikalischen Befund der inneren Eigenschaften des Wassers, wenn es in einem so oder anders geformten Gefäss aufbewahrt wird.[6]) Nur muss eben betrachtet werden, dass, wie im obigen der Mathematik entnommenen Beispiel Zähler *und* Nenner sich entsprechend verändern müssen, um dieselbe Grösse zu repräsentiren, so auch im religiösen Akte theoretisches *und* praktisches Glied gleichzeitig in gleicher Weise sich umwandeln müssen, um dem früheren religiösen Bestand gleich zu sein,[7]) und ferner muss das Prinzip einer Philosophie, d. h. die Bestimmtheit des *theoretischen* Verhältnisses zwischen Subjekt und Objekt, mit dem der Religion, also mit der Bestimmtheit des *praktischen* Verhältnisses zwischen beiden, in Einklang stehen, wenn Philosophie und Religion innerhalb des nämlichen konkreten Geisteslebens Raum haben sollen.[8]) Nicht jede Änderung des theoretischen Momentes verträgt sich also nach Biedermann mit Beharren des religiösen Bewusstseins, sondern nur eine solche, die den nämlichen ideellen Wert besitzt in der veränderten Form.

Obschon jedoch die Religion prinzipiell kein Bildungsniveau und keine gedankliche Verarbeitung ihrer theoretischen Aussagen zu scheuen hat, ist sie mit der Form der *Vorstellung* dennoch in ganz besonderem Grade verknüpft. Denn einmal ist dies die einzige Form, die der *Menge* zugänglich ist,[9]) während die Höhen rein logischen Denkens ihr ewig verschlossen bleiben, sodann aber kann auch der zünftige Denker der Vorstellung nur mit Mühe gänzlich

---

[1]) Fr. Th. 51. [2]) Fr. Th. 53. [3]) Fr. Th. 54, 58, 63, Dk.¹ 106, ²; 315.
[4]) Fr. Th. 54. [5]) Fr. Th. 67 vergl. Prot. Kirchenztg. 1882, 1117. [6]) Ib.
[7]) Fr. Th. 54. [8]) Ib. 69. [9]) Ib. 51, 64, Jungb. Weltansch. 132.

entraten. Die Religion nämlich, die ihrem Wesen nach ein Verhältnis ausdrücken möchte, drängt mit psychologischer Notwendigkeit zu derjenigen Bewusstseinsform, die ein solches mühelos zum Ausdruck bringt, und das ist eben die Vorstellung, während das Denken den realen Unterschied der Glieder der religiösen Relation auf ein blosses Unterschiedensein als Momente des einen dialektischen Prozesses des Geistes reduzirt und damit der Dualität der Relationsglieder weniger deutlich gerecht wird.[1]) Wie die „*Junghegelsche Weltanschauung*" und die „*Erinnerungen*" erläutern, gehört die Vorstellung zwar durchaus nicht zum Wesen der Religion: ob ich Gott vorstelle, oder den in dieser Vorstellung enthaltenen Inhalt in die Form des Gedankens erhebe, mein Verhältnis zu Gott bleibt dasselbe. Wohl aber stellt sich in dem Augenblick, wo ich mich religiös verhalte, d. h. in tatsächliche, praktische Beziehung zu Gott setze, die Vorstellung, diese abbrevirte Zusammenfassung meiner Gedanken zu einem einheitlichen Bilde, als natürliche Form, in welcher ich Gott vor Augen habe, ganz von selbst ein,[2]) und das religiöse Verhältnis wird wesentlich ein persönliches.[3])

Biedermanns nächstfolgende Arbeiten bringen wenig Bereicherungen der entwickelten Theorie. Der zunächst in Betracht kommende Aufsatz „*Was ist Religion?*" (1845)[4]) entspricht genau den Gedanken der „Freien Theologie" und fördert sie wenig. Höchstens wird etwas stärker betont, dass in der Religion der ganze inwendige Mensch, nach *all seinen Seiten, mit all seinen Fähigkeiten, in ein ungeteiltes Etwas zusammengefasst*, tätig sei. Zwar liess schon die „Freie Theologie" die Religion das ganze konkrete Wesen des Menschen zu ihrem Stoff und Inhalt haben,[5]) aber das war mehrdeutig und vereinzelt, und weitaus überwiegend waren doch nur das theoretische Bewusstsein und das Gefühl in Betracht gekommen mit Verkürzung des Willens, der dann erst aus dem fertigen religiösen Nährboden seine Nahrung beziehen konnte.[6]) Die Religion als praktisches Verhalten, die Reflexion des *Bewusstseins* vom Allgemeinen ins unmittelbare Selbstbewusstsein oder *Gefühl*,[7]) das war alles. In genanntem Aufsatze jedoch wird die Religion gezeigt als freier, selbstgewollter Anschluss an das Ewige, identisch mit der Freiheit,[8]) als Triebfeder zur Sittlichkeit, wodurch das Willens-

---

[1]) Fr. Th. 52. Junghegel. Weltansch. 132. [2]) Vortr. 413. [3]) Prot. Kirchenztg. 1877, 48, Dk. [1]647, [2]II 547. [4]) Ob diese Arbeit, anonym im 1. Jahrg. der von Biedermann und Fries redigirten Zeitschrift „*Die Kirche der Gegenwart*" erschienen, von ersterem stamme, kann ich nicht mit absoluter Gewissheit entscheiden. Der Stil zeichnet sich, sehr im Gegensatz zu der äusserst rauhen und in ihrer abstrakten Diktion schwer verständlichen Fr. Theol.", durch Glätte und Popularität aus, doch entspräche dies dem, Zweck der Zeitschrift, die auch Nichtgeistliche im Auge hatte. (K. d. Gw. I, 4 Erg. 426). [5]) Fr. Th. 53. [6]) Fr. Th. 58. [7]) Fr. Th. 40. [8]) K. d. Gw. I, 12.

moment dem die Religion *konstituirenden* Charakter *sehr nahe rückte*, ohne jedoch prinzipiell mit diesem betraut zu werden, zumal wenn an anderer Stelle wiederum behauptet wird: Die Bezeichnung der Religion als eines Gefühls ist *nur darum* unpassend, „weil darin der Ausdruck der Beziehung, des Wechselverhältnisses nicht liegt, welcher doch wesentlich zur Religion gehört." [1])

Ebenso können wir der „Junghegel'schen Weltanschauung" in religionspsychologischer Hinsicht kaum neue Gedanken von etwelcher Tragweite entnehmen. Immer noch vermissen wir das *konstituirende* Willensmoment der späteren Phase. Obschon *Biedermann* infolge einer Kritik von *Karl Schwarz* [2]) veranlasst wird, die Bezeichnung „praktisches Verhalten" übungsweise mit „Praxis" zu vertauschen, wird alsbald wieder ausdrücklich erwähnt, das religiöse Bewusstsein des Menschen sei darum ein praktisches, „weil es wesentlich Beziehung des Absoluten auf meinen eigenen Seelenzustand ist mit dem unmittelbaren Zweck meiner Durchleuchtung, Demütigung und Erhebung, Verurteilung oder Rechtfertigung, kurz mit dem praktischen Zweck meiner Seligkeit." [3]) Wir sehen, diese Beschreibung trägt vorwiegend egocentrischen, mystischen Charakter, der religiöse Prozess gehört so zu sagen ausschliesslich zu den aufnehmenden, nach Schleiermachers Terminologie „einströmenden" Tätigkeiten, sie ist centripetal, natürlich ohne Ausschluss einer Wirkung der vollendeten Tatsache nach aussen.[4]) — Da Biedermanns grössere Abhandlung „*Die ‚Zeitstimmen' vor dem Richterstuhl der evangelischen Allianz*" (1862), obschon sie ein beträchtliches Wachstum des Willensmomentes aufweist, über den Anteil des letzteren am religiösen Akt keinen näheren Aufschluss gibt, gehen wir über zu Biedermanns *Dogmatik*.[5]) Die transscendentale Untersuchung *in der 1. Auflage* beiseite lassend, nimmt dieses Werk seinen Weg von einer logischen Analyse der unmittelbar empirisch vorliegenden psychologischen Tatsache der Religion aus,[6]) und es folgt ihr, nachdem erkenntnistheoretisch der Ausgangspunkt gewonnen, die *zweite* Auflage fast Schritt für Schritt.[7]) Dabei findet der Verfasser offen vorliegend das religiöse Phänomen als eine Beziehung des Menschen auf Gott,[8]) der psychologischen Form nach aber nicht als ein In-Beziehungstehen, sondern als einen geistigen Akt der Selbstbeziehung des Menschen auf Gott, wobei der menschliche Geist *in der Einheit seines Wesens* nach seinem *gegenständlichen* Bewusstsein, *zuständlichen* Bewusstsein (Gefühl) und *Willen* wesentlich mitbeteiligt ist.[9]) Das Verhältnis von Glauben und Wissen führt die erste Auflage ganz ähnlich aus, wie die „Freie

---

[1]) K. d. Gw. I 12. [2]) *Wesen der Religion* II 226. [3]) Jungh. Weltansch. S. 116. [4]) Jungh. Weltansch. 158, 159. [5]) 1. Aufl. 1869, 2. Aufl. Bd. I. 1884-Bd. II. 1885. [6]) Dogmatik ²21. [7]) Dogmatik ²I 178. [8]) Dogmatik ²23. [9]) Dogmatik ²28—30.

Theologie", höchstens dass die Beschränkung des theoretischen Interesses in der Religion auf das Fürmichsein des göttlichen Objektes *etwas* [1]) schärfer hervortritt. — Diese Andeutungen werden in den folgenden Abschnitten ergänzt werden; unsere Aufgabe aber ist es zunächst, dem Ursprung und Werden der vorliegenden Ideen nachzuspüren.

II. Abschnitt:
Hegel und seine Schule.

a. *Hegel.*

Indem wir die Entstehung der Biedermann'schen Religionspsychologie verfolgen, beginnen wir, bevor wir auf *Hegel* zu sprechen kommen, naturgemäss beim *Rationalismus*. Schon Biedermanns Vater nämlich war ein Anhänger dieser Geistesrichtung, die dem Sohne nach dessen eigener Aussage „im Blute steckte." [2]) Ein rationalistischer Religionsunterricht, den eine abgeblasst supranaturalistische Konfirmationsvorbereitung nicht zu paralysiren vermochte, trug dazu bei, diese Denkweise zu fördern, doch sträubte sich schon des Knaben Sinn gegen die geistlose Willkür der vulgären Aufklärungsweisheit. Das feste Vertrauen auf die siegreiche Evidenz, die unüberwindliche Macht der religiösen Wahrheiten führte schon frühzeitig zu kühnem, mutigem Freiheitssinn, der ohne Angst und Bangen mit den schwierigsten und für viele Theologen gefährlichsten Problemen des Dogmas rang. Wenn in mancher Jünglingsseele der endl:ch ungestüm erwachende Freiheitstrieb, in das Gewand alles zersetzender Skepsis gehüllt, sich durch schwere, oft verhängnisvoll, ja tragisch endende Krisen zu rächen weiss für die lang erduldete Unterdrückung oder, wohl noch häufiger, für den selbstauferlegten Schlummer eigenen, freien Denkens, so blieb Biedermann vor solch bitteren Erfahrungen verschont. [3]) ohne dass deshalb die wirkliche Religiosität verkürzt worden wäre.

Von der *Universität Basel*, der er 1837 bis 1839 angehörte, empfing Biedermann noch nicht die entscheidenden Eindrücke. *Becks* philosophenfeindlicher Biblizismus blieb seiner rationalistischen Denkweise von vorn herein verschlossen, während *Hagenbach,* der geistvolle Kirchen- und Dogmenhistoriker und *De Wette,* der berühmte Bibelforscher und gemütstiefe Dogmatiker, ihn mächtig anzogen, obschon s e der Schleiermacher'schen Gefühlstheologie ziemlich nahe standen.

---

[1]) Nicht viel, wenn wir Fr. Th. 61 näher untersuchen. [2]) Voitr. 383.
[3]) Ib. 384.

Jedenfalls wurde Biedermann von der dortigen Fakultät nicht auf *Hegel* hingeleitet. Der Dozent der Philosophie, *Friedr. Fischer*, war der spekulativen Richtung gründlich abgeneigt, und zumal Hegel fand wenig Gnade in seinen Augen.¹) Auch der nachmals bekannt gewordene Privatdozent *Daniel Schenkel*, ein begeisterter Anhänger Schleiermachers, perhorrescirte Hegel und gab dem scheidenden Studio als Abschiedsgeschenk den Rat mit, „wenn er sich doch nun einmal auf die Hegel'sche Philosophie einlassen wolle, so möge er das doch wenigstens cum grano salis tun!"²)

Aus dieser rationalistischen Periode lassen sich bezüglich der späteren Religionspsychologie im Einzelnen keine direkten Einflüsse nachweisen. Allerdings aber trug diese Zeit im Allgemeinen sehr stark dazu bei, Biedermann auf eine verständnis- und liebevolle Verarbeitung der herantretenden Ideen vorzubereiten. Mit welcher Spannung mochte der wahrheitsdurstige Jüngling einer gründlichen Erfassung des Hegel'schen Systems, von dem er *(bezeichnenderweise durch David Strauss)* ³) bereits einige Kenntnis erlangt hatte, entgegenblicken! Welch ungeheure Erweiterung des Horizontes mag er, der „nüchterne Rationalist", wie er sich selbst bezeichnet,⁴) von dieser Philosophie sich versprochen haben!

Dass Biedermann sich indertat ganz in den Geist *Hegels* hineingelebt habe, verrät schon ein Blick in seine Erstlingsschriften. Die starre Abstraktion des Ausdrucks, das durchgängige Hervortreten der rein logischen Kategorieen, die ganze stilistische und lexikalische Ausstattung weisen mit Notwendigkeit auf Hegel hin, und es ist schon dieser äusserliche Umstand ein Erklärungsgrund dafür, dass Biedermann von oberflächlichen Gegnern kurzweg in allen Stücken mit Hegel solidarisch gemacht wurde.⁵)

Sowie wir jedoch etwas näher hinzutreten, begegnen wir alsbald einer Differenz von der grössten Tragweite zwischen Biedermann und Hegel. Letzterer anerkennt auch in der Religionsphilosopie nur die eine Methode, die überall und einzig gilt: die Methode des sich explizirenden Begriffs.⁶) Demgemäss beginnt er seine

---

¹) Vortr. 386. ²) Ib. 389. ³) Ib. 385. ⁴) Ib. 399. ⁵) Wie weit die Äusserlichkeit des Stils mit der Innerlichkeit des Gedankens zusammenhängt, werden wir in der Erkenntnistheorie zu erörtern haben. Biedermann selbst hat wiederholt für seine Ausdrucksweise eine Lanze gebrochen (Vortr. 397, Z. f wiss. Theol. 1871 S. 14), und mit köstlichem Humor seine Angreifer dem Pfahlbürger verglichen, der schimpft, was man doch jenseits der Grenze für ein Kauderwelsch rede (Ib. 393). Wenn auch Biedermann vielleicht nicht spez. *Nietzsche* im Auge hat, diesen heftigsten Eiferer wider die „verruchtesten aller Deutschverderber, die Hegelianer und ihren verkrüppelten Nachwuchs" (Nietzsche I, 247), so passt doch gerade ihm gegenüber die Verteidigung trefflich ⁶) Hegel, Religionsphil. I, 32.

Untersuchung mit einer Feststellung des *Begriffes der Religion überhaupt*, weist sodann die Religion in ihrer endlichen Bestimmtheit, ihrer Unvollkommenheit nach, um schliesslich den durch die Wahrheitselemente inferiorer Stufen bereichert zu sich selbst zurückkehrenden Religionsbegriff, die *absolute Religion des Christentums*, einer Besprechung zu würdigen. Auf den ersten Teil des Werkes angewandt, ergibt die dialektische Methode weiter die Gliederung: Die innere Einheit der Faktoren der religiösen Beziehung oder *Gott*,[1]) sodann das Auseinandertreten dieser Faktoren, näher das *Verhältnis des menschlichen Subjekts zu seinem Gegenstand* in den drei Formen des Gefühls, der Vorstellung und des Denkens,[2]) und drittens die Aufhebung dieses Gegensatzes im *Cultus* und seinem Höhepunkte, der unio mystica. Wir sehen, dieser Gang verrät das Obwalten der dialektischen Methode in der strengsten Form, ganz konform den Forderungen jenes Systems, dem alles Geschehen ein Werden nach abstrakt logischer Schablone, alles Erkennen aber ein apriorisches Nachkonstruiren dieses Weltprozesses war. Nicht zwar, als ob Hegel das empirische Moment in der Religionsphilosophie gänzlich vernachlässigt hätte. Das eine Mal ist er sogar so freimütig, bei dem „gewöhnlichen Bewusstsein" anzufragen, allein es ist nur der Kürze und Bequemlichkeit wegen;[3]) das andere Mal entnimmt er dem Gefühl einige empirische Bestimmungen, aber nur $\gamma\nu\mu\nu\alpha\sigma\tau\iota\kappa\tilde{\omega}\varsigma$, denn faktisch sind sie „so trivial, dass es nicht der Mühe wert ist, davon zu sprechen".[4]) In Tat und Wahrheit ist nur derjenige Abschnitt, der die Formen des Gefühls, der Vorstellung und des Denkens behandelt,[5]) auf empirische Basis gestellt, aber auch hier tönt uns am Ende das alte Ceterum censeo entgegen: Nur das Denken, das apriorische Herleiten der Begriffe erschliesst den tiefen Schacht der Erkenntnis.

Biedermann ist von dieser Art religionsphilosophischer Forschung von Anfang an weit entfernt. Wenn Hegel den Geist rein in sich spiegeln will, so ertappt ihn Biedermann dabei, wie er die vorgebliche Spiegelscheibe des logischen Bewusstseins als Fenster benutzt, durch welches die ganze empirische Welt mit ziemlicher Ungenirtheit hereinguckt. Mit Recht wird die „Freie Theologie" als spekulative Leistung betrachtet, Biedermann selbst billigt[6]) den Ausdruck *G. Finslers*, wonach dieses Buch „eine aufsteigende Rakete" war, die den Aufmarsch einer neuen Streitmacht, der *spekulativen* Theologie, ankündigte",[7]) doch erinnert diese „Spekulation" schon ganz an die-

---

[1]) Religionsphil. I 36, 48. [2]) Ib. I 36. [3]) Ib. I 47. [4]) Ib. I 66. [5]) Ib. I 66—126 vergl. S. 71, 79, 89, 125. [6]) Erg. 382. [7]) Georg Finsler, Geschichte d. theol. kirchl. Entw. in der deutsch-reform. Schweiz ²1881, S. 7.

jenige der Dogmatik, welche nicht „Eigenes ausspinnen", sondern nur die Erscheinungen aus dem aufgefundenen Grunde ableiten, und so begreifen,[1]) oder also die Auswirkungen des *induktiv* oder *regressiv* zu Tage geförderten Prinzips *produktiv* in ihrer reinen Gedankenform ausprägen will.[2])

Der logische Apriorismus Hegels, dieses liebste Kind seines Systems, legte es nahe, die Religion wie alle Erscheinungen von der gedanklichen Seite her ins Auge zu fassen und auf ihre *begriffliche* Seite den Accent zu legen. Wie alles Seiende, so musste auch die Religion eine Phase in der Entwicklung des *Gedankens* werden, und so erhielt sie denn auch im System ihren Platz im Bezirke des absoluten Geistes, unmittelbar vor der Philosophie.[3]) — Die Religionsphilosophie verliess den Boden der Encyklopädie; dennoch wusste sie ihren Gegenstand sofort wieder auf begriffliches Gebiet zu stellen, und zwar mittelst der folgenden einfachen Reflexion: Hegel wirft die Frage auf: Wie kommen wir zu einem Verhältnis zu Gott? Die Antwort lautet: Weil wir Denkende sind. Nämlich: „Gott ist das an und für sich Allgemeine und das Denken hat und macht zu seinem Gegenstand das an und für sich Allgemeine".[4]) „Das, für welches das Allgemeine ist, ist immer das Denken";[5]) nicht Gefühl, Vorstellung oder Glaube, sondern das Denken ist der Boden, auf dem allein das Göttliche sein kann.[5]) (Ganz analog sagt die Encyklopädie, dass „die Religion und Religiosität wesentlich im Denken ihre Wurzel und Stelle habe".[6])

Mit Biedermanns Gedanken konfrontirt, ergibt sich gleich hier die grösste Verwandtschaft. Wir sahen oben, wie die „Freie Theologie" das theoretische Bewusstsein als notwendiges Mittelglied zwischen Gott und den Menschen eintreten lässt.[7]) Folglich erwächst auch nach dieser Theorie die Religion aus dem Nährboden des Gedankens. Aber auch die Begründung dieser Annahme lässt auf innere Verwandtschaft schliessen: Biedermann erklärt: das dem individuell bestimmten Ich gegenüberstehende Allgemeine (Gott) kann nicht ohne weiteres mit diesem in Verbindung treten, denn Gleiches ist nur für Gleiches. Darum muss eben die Funktion des Allgemeinen, wie das theoretische Bewusstsein bei Biedermann öfters heisst, beide Glieder vereinen.[8]) Es ist vollständig das soeben aus Hegels Munde vernommene Argument.

Auf dem Standpunkt der Religion angelangt, sieht Hegel seine erste Aufgabe darin, Form und Inhalt des aufgefundenen Phänomens aufzusuchen.[9]) Dabei ergibt sich als erste Form der Religion das

---

[1]) Dogmatik '40. [2]) Dogmatik '3,9, vergl. I 57, I 156. [3]) Encyklopädie § 564—571. [4]) Religionsphil. I 62. [5]) Religionsphil. I 52. [6]) Encykl. 3. [7]) Fr. Th. 38, vgl. Junghegel'sche Weltansch. 127. [8]) Fr. Th. 38. [9]) Religionsphil. I 62.

Gefühl.¹) Zu Gunsten des Gefühls bringt man etwa vor: Wir wissen von Gott unmittelbar, es braucht also über ihn nicht raisonnirt zu werden. ²) Mit ersterer Aussage erklärt sich Hegel völlig einverstanden, denn gerade sein System prädizirt ja ein unmittelbares Wissen von Gott, der uns niemals durch discursives Denken, empirische Grübeleien dargeboten werden kann. ³) Was aber die Folgerung anbetreffe, man müsse aus diesem Grunde auf denkende Erforschung des Göttlichen überhaupt verzichten, so wendet sich Hegel höchst energisch gegen diese Befeindung seines Standpunktes und vergilt durch eine überaus scharfe Polemik gegen die Gefühlstheologie die Angriffe der Gegner. „Im Gefühle befindet sich der widersprechendste Inhalt, das Niederträchtigste und das Höchste, Edelste hat seinen Ort darin." ⁴) Eine Reihe von Stellen gaben wir in der Einleitung wieder. ⁵) Man erinnere sich auch des Passus der Encyklopädie: „Der Geist ist als Gefühl nur die niedrigste Stufe des Bewusstseins, ja in der mit dem Tiere gemeinschaftlichen Form der Seele", ⁶) oder gar jener berühmt-berüchtigten Stelle aus der Vorrede zu Hinrichs Religionsphilosophie : „Gründet sich die Religion im Menschen nur auf ein Gefühl . . ., so wäre der Hund der beste Christ". ⁷) — Doch will Hegel das Gefühl keineswegs aus

---

¹) Zum richtigen Verständnis der Hegel'schen Art trägt gerade der Übergang hiezu nicht wenig bei. „Das Allgemeine (die allgemeine Basis der Religion) zunächst ist das Bewusstsein von Gott: dieses ist nicht nur Bewusstsein, sondern näher auch Gewissheit. Die nähere Form derselben ist Glauben, diese Gewissheit, sofern sie im Glauben, dies Wissen von Gott, *Gefühl* und im Gefühl ist." Ich muss bekennen, diesem ganz ungrammatikalischen Satz ohne Conjektur keinen Sinn abgewinnen zu können; als die einfachste schlage ich vor: „Die nähere Form derselben (der Gewissheit) ist Glauben, diese Gewissheit, sofern sie im Glauben, *diesem* Wissen von Gott, *Gefühl* und im Gefühl ist." Der immer noch unschöne Satz ist so wenigstens verständlich geworden und bedeutet: Das Bewusstsein von Gott gestaltet sich in der konkreten Realität im des Subjekts Aussersichsein des Absoluten, näher zur Gewissheit. Die nähere Form derselben ist Glauben, und zwar hat dieser die Eigenschaft, dass er allerdings seinem konstituirenden Element nach Wissen von Gott, aber dennoch in diesem Wissen als *Gewissheit* vorwiegend Gefühl und im Gefühl ist. Zu dieser Conjektur schreite ich um so lieber, als bei der mangelhaften Vortragsweise Hegels Verstösse in Text und Nachschrift sehr leicht mitunterlaufen konnten. *Rosenkranz* erzählt launig, wie die Schüler zu seinen Füssen sassen und seinen „magischen Worten lauschten, die er, in Papieren auf dem Katheder wühlend, hustend, schnupfend, sich wiederholend, nicht ohne Mühsamkeit vorbrachte" (Rosenkranz 380; übrigens befinden sich die dortigen Angaben über die Frequenz der Hegel'schen Vorlesungen im Widerspruch zu *Vatkes* Notiz, dass Hegel immer nur sehr wenige, aber um so treuere Zuhörer hatte [*Vatke*. Religionsphil. 179]); auch *Benecke* weiss von den auffallenden Unebenheiten der Hegel'schen Diktion und der Schwierigkeit ihrer Fixirung zu berichten (*W. Vatke* 89). ²) Religionsphil. I 66. ³) Religionsphil. I 47, 68. ⁴) Religionsphil. I 73. ⁵) Vergl. oben S. 180 f. ⁶) Encykl. XXI. ⁷) Hegel XVII, 295

der Religion verweisen, im Gegenteil *soll* und *muss* Gott, wie jeder wahrhafte Inhalt, im „*Herzen*" gehabt werden.¹) „*Herz aber ist mehr als Gefühl;* während dieses nur momentan, flüchtig und zufällig, ist mit „Herz" eine anhaltende Weise des Bewusstseins ausgesprochen. Das Herz muss gereinigt, gebildet werden, damit wahrhafter Inhalt es erfülle".²) Dasselbe wird an anderer Stelle implicite gesagt, wenn es heisst: Es soll der fühlende, glaubende Geist, der Geist überhaupt sich (in der Religion) erheben.³)

Soweit Hegel hier dem Gefühl Konzessionen macht, sehen wir Biedermann völlig einig mit ihm. Zwar, dass das Gefühl die erste Form sei, in welcher der religiöse Inhalt dem Menschen gegeben ist, diese Behauptung Hegels können wir von Biedermanns Erstlingsschriften nicht erwarten, ging doch ihr Bestreben gerade darauf, mit allem Nachdruck die spezifische Verschiedenheit und gleichzeitige Harmonie von Philosophie und Religion zu urgiren, und folglich nur in die einheitliche Verbindung von gegenständlichem und zuständlichem Bewusstsein das Wesen der Religion in all ihren Stufen zu setzen. Somit konnte das Gefühl für sich niemals eine Äusserungsform der Religion sein. Dagegen ist die *Dogmatik* von Anfang an unbefangen genug, sich zu Hegels Auffassung zu bekennen. Dass das Gefühl zwar nicht die Grundform, wohl aber *die erste Erscheinung der Religion* sei, wird ohne weiteres zugestanden.⁴) *Direkte Einwirkung Hegels auf Biedermanns „Freie Theologie" scheint jedoch in der Bevorzugung des Ausdruckes „Herz" zum Ausdrucke zu kommen.*⁵) (Später hat Biedermann das Wort durch „Gemüt" ersetzt).⁶) Auch wenn Hegel den Menschen im Gefühl seine Partikularität haben lässt,⁷) so stimmt dies ganz mit Biedermanns Präzisirung der Religion als eines praktischen Verhaltens, denn „praktisch" heisst alles das, „was eine unmittelbare Beziehung aufs Einzelne, Konkrete hat".⁸) Sollte das nicht eine Anlehnung sein an Hegels Diktum: „Mich praktisch verhaltend habe ich es immer nur mit Einzelnen zu tun"?⁹) Wenn Hegel dieses Wort vorwiegend zentrifugal verwendet, Biedermann dagegen zentripetal als Verhalten zu der konkreten Realität des Subjekts,¹⁰) so ist dies für die Behauptung eines direkten Abhängigkeitsverhältnisses vollkommen irrelevant. Die ganze Bedeutung der hier namhaft gemachten Hegel'schen Motive für die Biedermann'sche Religionstheorie können wir jedoch erst an späterem Orte würdigen.

Die Stufe des Gefühls verlassend, begibt sich Hegel auf den Boden der *Vorstellung*,¹¹) wobei naturgemäss die *objektive* Seite der

---

¹) Religionsphil. I 75. ²) Ib. I 76. ³) Ib. I 99. ⁴) Dk.¹ 83. ²I 203, 215, 290. ⁵) Fr. Th. S. 37 allein dreimal. ⁶) Z. f. wiss. Theol. 1871. S. 5. ⁷) Ib. I, 30, 78, 152. ⁸) Fr. Th. 34. ⁹) Ib. I 106. ¹⁰) Vgl. J. W. 116. ¹¹) Hegel, Religionsphil. I 75.

religiösen Gewissheit in den Vordergrund zu treten hat. Die Hoffnung, damit eine Region betreten zu haben, wo das religiöse Objekt nicht mehr bloss unselbständig und zufällig gegeben ist, muss allerdings bald preisgegeben werden, da die Vorstellung den gesuchten Inhalt unter verhüllendem Gewande verbirgt, das Geistige durch Metaphern, Gleichnisse u. s. w. in sinnliche Formen einzwängt. Dies gilt auch von der göttlichen Geschichte, zumal der Geschichte Jesu Christi: göttliches Tun, absolut göttliche Handlung ist in die Form der Vorstellung eingegangen.[1]) Der Alltagsmensch hat diesen ewigen Wahrheitskern nur als dunkles Anerkennen: „der subjektive Geist gibt Zeugnis dem Geist, der im Inhalt ist",[2]) in der Geschichte, der Erfahrung. Dieses Zeugnis besteht zunächst nur in einem dunkeln Bewusstsein göttlicher Mächte,[3]) verlangt aber nach denkender Herausbildung des Geistigen, damit der substanzielle Kern der Phänomene sich abklären und rechtfertigen kann. So drängt dieser ganze Standpunkt auf die Stufe des Denkens, zu welcher Hegel nunmehr ohne weiteres übergeht. Gewiss überrascht diese Geschwindigkeit, die Vorstellung abzutun, den Kenner der Encyklopädie, besonders auch der Phänomenologie, woselbst die Religion ganz an die Form der Vorstellung gebunden war. Da auch die Religionsphilosophie an einzelnen Punkten diese Bestimmung aufstellt (vergl. die oben zitirte Bemerkung: „Die Religion ist die unbefangen vorstellungsmässig denkende Vernunft")[4]), können wir uns des Eindrucks der Unentschiedenheit der Hegel'schen Religionstheorie nicht erwehren.

Unschwer finden sich gewisse Analogieen bei Biedermann. Dass das Gefühl im religiösen Bewusstsein zunächst in Gemeinschaft mit dem theoretischen Moment der Vorstellung auftritt, ist ihm ein unerschütterliches Dogma. Auch dessen ist er sich wohl bewusst, dass die Vorstellung zu allen Zeiten die allgemeine Form des religiösen Denkens sein werde. Das verbürgt ihm einerseits das intellektuelle Niveau der Menge, anderseits die Natur der Religion als eines *Verhältnisses* verbunden mit derjenigen der Vorstellung, ein solches dem Bewusstsein am leichtesten vermitteln zu können. Man beachte wohl: Biedermann negirt die Notwendigkeit der „Vorstellung" im erkenntnistheoretischen Sinn, deklarirt aber diese für die dem Glauben selbst *unmittelbar natürliche Form des Bewusstseinsmomentes der Religion*. Das schliesst aber keineswegs die Läuterung der

---

[1]) Religionsphil. I 82. [2]) Ib. I 33, anklingend an Röm. 8, 16. [3]) Ib. [4]) Ib. I 117, ähnlich I 44. [5]) Dk. I 295, Vortr. 413, Fr. Th. 49, 51 ff. Dk.¹ 40.

religiösen Vorstellung aus. Biedermanns wissenschaftliches Interesse war mächtig genug, um gebieterisch nach der adäquaten Ausprägung zu verlangen. Ist es doch nicht die Religion selbst, die bei diesem Destillationsprozess in Mitleidenschaft gezogen wird, sondern nur ein Moment davon, dessen dem Wesen des Geistes gemässe Veränderung eine solche der religiösen Bilanz in keiner Weise nach sich ziehen muss. Das ganze theoretische Moment der Religion fällt somit in den Bereich der Philosophie [1]), welche dasselbe aus dem Jünglingsalter in die Reife des Mannesalters befördert. Ganz so hatte Hegel geäussert: „Es ist falsch, dass Beides, der Glaube und die freie, philosophische Untersuchung, ruhig nebeneinander bestehen kann," [2]) „solange die Religion ein Credo . . hat, so lange hat sie das, mit dem die Philosophie sich beschäftigen kann" (Encykl. XX). Also wiederum die grösste Verwandtschaft der Ideen.

Die Aufgabe des Denkens nun setzt Hegel darein, die anscheinend einfache Vorstellung in ihre unterschiedenen Bestimmungen aufzulösen,[3]) ihre innern Widersprüche klarzulegen, ihren inneren Zusammenhang aufzuweisen.[4]) Auch dies Ziel wird nur succesive erreicht. Der Verstand mag sich noch so sehr abmühen, er bleibt in Widersprüchen befangen, solange er sich auf blosse Beobachtung beschränkt. Auch Beweise und Konstruktionen, wie immer sie beschaffen sein mögen, vermögen niemals die innere Notwendigkeit zu reproduziren. Darum geht Hegel auf den Standpunkt des „spekulativen Religionsbegriffs" über.[5]) Dieser ganze Abschnitt jedoch, mit seinen fast undurchdringlichen Labyrinthen, der schwerfälligen und nur aus dialektischen Prinzipien einigermassen verständlichen Struktur, sowie der unbegreiflichen Breite der Diktion gewiss einer der unerquicklichsten des ganzen Werkes, bietet hinsichtlich Biedermanns wenig Ausbeute. Die für uns bedeutsamsten Punkte dieses ganzen Exkurses haben wir teilweise in anderem Zusammenhange bereits angeführt, anderenteils werden wir später darauf zu sprechen kommen. Ohne das langsame Vehikel des dialektischen Schematismus zu besteigen — für unsere Aufgabe trägt es nichts aus — geben wir hier nur des Zusammenhangs halber das Resultat wieder, wonach die Religion das Wissen des göttlichen Geistes von sich durch Vermittelung des endlichen Geistes oder auch Selbstbewusstsein des absoluten Geistes ist.[6]) Doch damit haben wir die Grenze der Religionspsychologie, die uns hier allein beschäftigt, bereits

---

[1]) Freie Theol. 28 u. a. [2]) Religionsphil., I 26. [3]) Ib. I 86. [4]) Ib. I 87. [5]) Ib. I 126. [6]) Ib. I 129. 134.

überschritten, und zwar unter allen Umständen. Denn betonen wir in diesem Ausdruck das Subjekt der religiösen Tätigkeit, so finden wir uns im Zentrum der Metaphysik, betonen wir die Identität der Tätigkeit des Absoluten mit der des endlichen Geistes, so sind wir im Mittelpunkte der absoluten Philosophie, während die Religion sich nach bündigen Aussprüchen mit der vorstellungsmässigen Funktion zufriedenzugeben hat. Sichtlich befindet sich hier Hegel in der grössten Verlegenheit, einerseits die Religion dem Purgatorium des dialektischen Fortschrittes zu entreissen, andererseits doch die Souveränetät der Philosophie zu wahren. Doch da bietet sich ein Ausgang. Würden wir vom System aus ganz einfach erwarten, die Religion müsse sich eben zu der Höhe des philosophischen Denkens aufschwingen und in ihrem Schoosse aufheben lassen, so öffnet sich nun plötzlich eine andere Türe, und vor unserem Auge erscheint die Kultustheorie.[1]
— Was von diesen Entwickelungen auf Biedermann übergegangen ist, wird im erkenntnistheoretischen Kapitel zu untersuchen der Ort sein.

Im **Kultus** also soll die Kluft zwischen endlichem und unendlichem Geist sich schliessen. Sehen wir nun, wie dies geschieht. „Der Kultus ist die Beziehung des subjektiven Bewusstseins auf den Gegenstand, der Gott ist, näher die praktische Beziehung auf diesen Gegenstand".[2] In ihm ist der wegen des absoluten Faktors des religiösen Verhältnisses widerspruchsvolle Gegensatz (wie kann das *Absolute* zu irgend einer Grösse in ein *Verhältnis* treten?) des Subjektes zum Gegenstand, wie wir ihn bei der bisherigen Untersuchung der Religion gefunden haben, aufgehoben. Doch betrachten wir die Momente des Kultus, so finden wir zunächst ein theoretisches Moment, und zwar ist es von grosser Wichtigkeit zu beachten, dass dieses $\vartheta\varepsilon\omega\rho\eta\tau\iota\varkappa\acute{o}\nu$ zunächst Vorstellung ist und als solches bleibt.[3] „So fällt also das Wissen dem Kultus anheim, und die erste Gestalt, die uns da begegnet, ist der *Glaube*".[4] Was Hegel darunter versteht, hat er uns in abbrevirter Weise bereits gesagt, doch kommt dieser Begriff erst hier zu seiner vollen Geltung. Wir kennen den Glauben als ein geistiges Tun, welches nicht nur in theoretischer Weise seinen Gegenstand hat, sondern desselben *gewiss* ist.[5]

In dieser Gewissheit nun ist enthalten, dass wir eine innere Vermittelung zwischen dem religiösen Subjekt und seinem Objekte

---

[1] Religionsphil. I 136. [2] Ib. I 142. [3] Ib. I 142. [4] Ib. I 143. [5] S o. S. 31.

haben, denn beide sind nach ihrer Aussage zur Einheit verbunden. Diese Vermittelung aber lässt den religiösen Gegenstand nicht als einen fremden stehen, als einen jenseitigen Bewusstseinsgegenstand, sondern sie erfasst ihn als das eigene Wesen, das Ansich des Bewusstseins.[1] „In der glaubensvollen Andacht vergisst das Individuum sich und ist erfüllt von seinem Gegenstand, es gibt sein Herz auf und behält sich nicht als unmittelbar, obgleich es von sich allgemein weiss".[2] Nur beschränkte Engherzigkeit und blosses Eingebanntsein in die Heerstrasse der gemeinen Reflexionsbildung könnte diesen Begriff des Kultus mit Pantheismus gleichsetzen, weil ja zu diesem Begriff doch gehört, dass die Sonne, der Stein oder auch das einzelne Selbstbewusstsein qua solches mit Gott gleichgesetzt werde.[3] Die Antithese zu diesem Glauben bildet vielfach jener andere, welcher auf Äusserlichkeiten abstellt, Wunder, einzelne Historien u. s. w., während doch der Inhalt der Religion kein anderer sein kann, als die ewige Natur Gottes.[4] „Ob bei der Hochzeit zu Kana die Gäste mehr oder weniger Wein bekamen, ist ganz gleichgültig."[5] Auch diese Phase des Glaubens negirt der Geist, indem er sich über sie emporhebt zur konkreten Einheit mit dem Absoluten. „Im Kultus ist Gott auf der einen Seite, Ich auf der anderen, und die Bestimmung ist, mich mit Gott *in mir* (also auf dem Boden des Subjekts) selbst zusammenzuschliessen . . ., diese konkrete Einheit; für unsere Betrachtung ist das theoretische Bewusstsein auch konkret, aber nur an sich: dass es auch für das Subjekt konkret werde, ist das praktische."[6] Das will besagen: Der Kultus muss zu den theoretischen auch praktische Elemente in sich bergen, wenn er dem Drang des Menschen nach dem Unendlichen genügen will, und so kommt denn hier endlich das Gefühl zu seinem Rechte. „Der Kultus ist, sich diesen höchsten Genuss zu geben (die Zusammenschliessung mit Gott), — da ist *Gefühl* darin".[7] Allein wenn auch hiebei das Subjekt (gemäss der uns schon bekannten Eigentümlichkeit des Gefühls) nur seiner besonderen Partikularität nach betätigt ist, so ist diese Subjektivität und Endlichkeit doch nur eine formelle, während das Bewusstsein, vom absoluten Inhalte wissend, sich im Äther dieser Absolutheit frei bewegt.[8] Am deutlichsten wird das Gefühl in der Religion engagirt durch die Definition: Der Kultus ist „die Tätigkeit des Hervorbringens der Einheit und des Genusses derselben, damit das, was im Glauben an sich ist, auch vollbracht, *gefühlt, genossen* werde".[9] So lange diese Einheit nicht als eine

---

[1] Religionsphil. I 143. [2] Religionsphil. I 145. [3] Ib. I 144 f., vgl. 54.
[4] Ib. I 150 f. [5] Ib. [6] Ib. 152, vergl. 165. [7] Ib. I 152. [8] Ib. I 152 f. [9] Ib. I 156.

völlige anerkannt ist und immer noch eine Trennung über dieser Sphäre schwebt, „so klingt durch die Freude jener lebendigen Einheit ein unaufgelöster Ton der Trauer und des Schmerzes;¹) ein Schicksal, eine unbekannte Macht, eine zwingende Notwendigkeit, *unerkannt anerkannt*, ohne Versöhnung, der das Bewusstsein sich unterwirft, aber nur mit Negation seiner selbst, schwebt über dem Haupt von Göttern und Menschen".²) Das Höchste aber, was der Kultus zu leisten vermag, ist „dies Gefühl, dieser Genuss, dass ich bei Gott in Gnaden bin, dass der Geist Gottes in mir lebendig ist, das Bewusstsein der Vereinigung. Versöhnung meiner mit Gott,³) die *unio mystica*."⁴) — Die näheren Ausführungen fallen der speziellen Cultustheorie anheim; wir können somit hier einhalten, um zunächst Biedermanns Stellung zu den entwickelten Gedanken zu untersuchen.

Was die *Aufgabe* anbetrifft, die dem Kultus gestellt wird, so ist sie bei *Hegel* und *Biedermann* genau die nämliche. Beiderorts soll der Gegensatz zwischen Gott und dem Menschen aufgehoben werden. Die Freie Theologie liess sich vernehmen: „Das theoretische Verhalten zu einem Gegenstand ist für den Menschen zunächst noch ein *äusserliches*",⁵) denn jener steht dem Menschen doch als ein anderes gegenüber und bleibt ihm, wenn keine weitere Vermittlung hinzutritt, fremd und wirkungslos.⁶) Ganz so hatte *Hegel* das theoretische Moment der Religion ausgestattet gefunden. Die Religion als sozusagen unbefangen denkende Vernunft war ihm in der widerspruchsvollen Weise der Vorstellung stecken geblieben,⁷) der Kultus aber hatte beide Glieder des Gegensatzes zur Einheit vermittelt.

Auch die Beschreibung der psychologischen *Form* ist beiden Autoren gemeinsam. Wir trafen oben als die Basis des Kultus den Glauben. *Hegel* fasst diesen ganz im paulinischen⁸) und reformatorischen⁹) Sinne, als eine Funktion, die nicht allein den Intellekt,

---

¹) Konjektur für blosses Komma. ²) Religionsphil. I 165. ³) Ib. I. 168. ⁴) Ib. I 167. ⁵) Fr. Th. 38. ⁶) Fr. Th. 40. ⁷) Religionsphil. I 117. ⁸) Vgl. *Immer*, Neutestamentl. Theol. S. 288 f. ⁹) Vergl. *Max Staub*, Das Verhältnis der menschlichen Willensfreiheit zur Gotteslehre bei Martin Luther und Huldreich Zwingli S. 29. (Darnach kommen vor allem die Reformationsschriften Luthers v. 1520 in Betracht). *Luther*: „Der wahre Glauben ein Leben in Gott". *Zwingli*: „Fidem habere idem est Deum habere" „sich frei an Gott lassen und Gott in sich leben, walten, Alles sein lassen". (Comment. III, 246. VI, 1, 341, bei *Pfleiderer*, Grundriss S. 8). Die *Concordienformel*: „Fides non est nuda notitia historiae de Christo, sed tale Dei donum, quo Christum redemtorem nostrum agnoscimus ipsique confidimus". (Ep. III. 4 bei *Gumlich*, Christl. Symbolik⁵ S. 44). Der *Heidelberger Katechismus*: „Was ist warer glaub? Es ist nicht allein ein gewisse erkanntnuss, dardurch ich alles für war halte, was uns Gott in seinem wort hat offenbaret: sonder auch ein hertzliches vertrawen, welches der heilige Geist durch das Evangelium in mir würket" (Fr. 21 bei *Winer*, Comparative Darstellung der verschiedenen christlichen Kirchenparteien⁴ S. 140).

sondern das ganze persönliche Innenleben des Menschen in Beschlag nimmt.[1]) Die Basis ein Wissen, das Ganze aber Wissen plus Affektion, oder richtiger ein einheitlicher Zustand des Subjektes, an welchem phänomenal das Gefühl mindestens gleichen Anteil hat, wie die spezifisch ideelle Substanz. — Genau ebenso lehrt *Biedermann*, dass der *Glaube* zweierlei umfassen solle: „einmal die *theoretische* Vermittelung des Menschen mit dem Inhalt seines allgemeinen Wesens; und dann die *praktische* Vermittelung des Menschen nach der individuellen Gestaltung seines Ich mit dem Resultat seiner theoretischen Vermittelung".[2]) Ganz wie Hegel legt auch Biedermann grosses Gewicht darauf, dass diese Tätigkeit des Glaubens jedoch nicht in zwei temporal unterschiedene Componenten zerfalle, sondern dass diese Scheidung nur eine „logische" sei, während die Funktion selbst einen *einheitlichen* Akt bilde.[3]) Beiderseits also dieses energische Auseinanderhalten von Glauben im Sinne einer spezifisch religiösen Tat, und „Glauben" in der Bedeutung eines Fürwahrhaltens aus nur subjektiv zureichenden Gründen.

Dies mögen die hauptsächlichsten Berührungspunkte zwischen *Hegel* und *Biedermann* sein, soweit sie sich aus der Vergleichung ihrer Werke von vornherein dem Leser aufdrängen. Gewiss sind schon die aufgewiesenen Analogieen sehr erheblich, und dennoch müssten wir noch immer einen sehr grossen Sprung zwischen *Hegels intellektualistischer* und *Biedermanns harmonistischer* Religionstheorie statuiren, wenn sich nicht weitere Bindeglieder ausfindig machen liessen.

Aber gerade das letztere ist der Fall. Wir erkannten oben die Schwierigkeit, die es *Hegel* bereitet, Religion und Philosophie so gegen einander abzugrenzen, dass keine die andere verletzt und entwertet. Wir erwarten vergeblich, dass der Magus des Südens, wie man den schwäbischen Philosophen auf Grund der mannigfachen Dunkelheiten seiner Religionsphilosophie beinahe nennen könnte (wenn nicht etwa Schelling diesen Titel vorher in Anspruch nähme) endlich einmal aus seinen Orakelsprüchen heraustrete und klar und deutlich die Stellung beider Geistesgebiete kennzeichnete. Eines steht fest: Die Religion hat auf ihrem Höhepunkt, dem Kultus, dieselbe Aufgabe, die nach anderen Ausführungen die spekulative Philosophie zu leisten hat, nämlich den Widerspruch des endlichen Subjekts mit seinem absoluten Wesensgrunde zu überbrücken. Und ferner: Die Religion sollte nicht minder als die Philosophie die *höchste Sphäre*

---

[1]) Religionsphil. I 143 ff. [2]) Fr. Th. 177. [3]) Fr. Th. 43.

des menschlichen Bewusstseins sein.[1]) Am innigsten aber werden beide Geistesfunktionen verbunden, wenn die Religionsphilosophie sagt: Da der Gegenstand der Religion, wie der Philosophie derselbe ist, nämlich „die ewige Wahrheit in ihrer Objektivität, Gott und Nichts als Gott und die Explication Gottes", fallen beide in eins zusammen. *Die Philosophie ist inderthat selbst Gottesdienst*, aber beide sind es in eigentümlicher Weise: *in dieser Eigentümlichkeit der Beschäftigung unterscheiden sich beide.*[2]) Wollte man diesen Satz so verwerten, dass die eine begrifflich, die andere aber vorstellungsmässig sich betätige, so machen wir hiegegen einfach die Benennung dieser Tätigkeiten als zweier „Sphären" innerhalb des menschlichen Geisteslebens geltend. Vorstellung und Denken dürfen wohl als zweierlei Stufen, doch nimmermehr als zwei verschiedene Sphären bezeichnet werden. Also: da das Objekt der beiden das nämliche, sie selbst aber verschiedene Sphären, so müssen sie sich der *psychologischen Funktion nach von einander unterscheiden*. Wenn aber dies der charakteristische Unterschied, so war für einen Späteren genügend Grund vorhanden, die Lehre von dem blossen Vorstellungscharakter der Religion und ihrer daherigen Minderwertigkeit prinzipiell zu verlassen und die unfreiwillige Konzession, die dem von religiöser Begeisterung überströmenden Munde des Philosophen selbst oft genug beim Lobe der Religion entfahren war, zur Theorie zu erweitern, indem Religion und Philosophie definitiv in zwei verschiedenen Betätigungsweisen des Geistes internirt wurden. Damit hörte die Konfusion auf. Die Philosophie war nicht mehr Kultus, wie Hegel versichert hatte, aber sie *wurde* zum Kultus, *die Religion war nicht mehr eine minorenne Philosophie, sondern eine Königin, deren Reich aber nicht im Bezirke des Begriffs.* Zu dieser Grenzregulirung drängte die immanente Logik der Anschauungen.

Biedermann musste hiebei nur dem logischen Zug der Ideen folgen, so stund eine Theorie im Prinzipe fertig vor ihm. Hegels Widersprüche waren ihm ein sicherer Kompass, an dem er sich im Grossen und Ganzen mit nicht allzu grosser Mühe orientiren konnte. Eines aber verdient ganz besondere Beachtung: *Biedermann hatte ein ausserordentlich feines Sensorium, die philosophische Theorie von den Selbstzeugnissen des religiösen Gemütes zu unterscheiden. Je mehr sich nun Hegel der Kultuslehre annäherte, um so deutlicher wurde eben die Stimme des religiösen Gemütes, und schon dies musste Biedermann veranlassen, hier die Heimat, den eigentlichen Kern der*

---

[1]) Religionsphil. I 30 u. a. Selbstverständlich gilt dies nur von dem sublimen)vergl. o. S. 189) Religionsbegriff. [2]) Religionsphil. I. 5.

Religion zu suchen. Zum Überfluss kam ein weiterer Umstand hinzu. Im Kultus erst kam *der Glaube* zur vollen Geltung. Da nun Biedermann von jeher gelernt hatte, im Glauben das Herz der Religion zu erblicken, war es beinahe unumgänglich, diesen Begriff ins Zentrum zu setzen und von ihm aus die übrigen Erscheinungen der Religion zu beurteilen. Es war ein starkes Stück von Hegel und eine wenig verheissungsvolle Probe seiner Methode, den Kultus (so wie er ihn auffasst) an die letzte Stelle der prinzipiellen Erörterung zu setzen, während doch faktisch von ihm, wie er verstanden ist, das ganze pulsirende Leben der Religion ausgeht. Ja, wenn „Kultus" bei Hegel dem „darstellenden Handeln" Schleiermachers, oder also dem Kultus im gewöhnlichen Sinne, entspräche! Wir begreifen die vorliegende Gliederung nur aus dem Bestreben, die dialektische Methode konsequent durchzuführen, aber auch so können wir Hegel von dem Vorwurf rationalistischer Rudimente nicht frei sprechen. So wurde also Biedermann förmlich darauf hingedrängt, die Hegel'sche Religionstheorie im Sinne seiner Kultuslehre zu reformiren. **Seine ganze Religionspsychologie ist nichts anderes als die wissenschaftlich vertiefte Bearbeitung und der systematische Ausbau der Hegel'schen Kultustheorie.**

Wenn dieser Nachweis, wie wir hoffen, gelungen ist, so soll damit das Verdienst Biedermanns nicht verkleinert sein. Wir sahen, wie Hegel bis hart vor die Schwelle des Religionsbegriffes gelangt ist, den Biedermann aufstellte. Fragen wir, warum Hegel nicht selbst zu der Anschauung konsequent durchgedrungen ist, zu welcher er malgré lui immer wieder hingezogen wird, so liegt die Antwort nicht ferne. Er hätte den Rahmen seines dialektischen Schemas zerbrechen, die Religion aus dem Vitalprozess der Idee herausreissen müssen, wenn er ihr den intellektuellen Charakter absprechen wollte. Und wo sie einbürgern, ohne sie zum blossen Schein zu erniedrigen? Besser noch, die Religion sei blosse Vorstellung, als sie *sei* nicht, und so brachte denn Hegel dem Hegelismus ein Opfer, um unter der Hand durch doppelt enthusiastische Hekatomben diese Degradirung der Religion wieder gut zu machen. Seine gewiss tief empfundenen Lobreden auf die Religion enthalten etwas von „pater peccavi". Die strenge und entschiedene Theorie aber, wie sie Biedermann vertritt, beweist *den offenen Bruch mit dem System des absoluten Idealismus.* Wüssten wir sonst gar nichts anderes über den Verfasser der „Freien Theologie", so genügte doch schon der eine Religionsbegriff, ihn nicht mit den blossen Nachbetern Hegels in eine Linie zu stellen. Wer weiss, wie schwer es ist, die eisernen Maschen des dialektischen Systems auch nur wenig zu lockern, wird dieser bedeutsamen Änderung Biedermanns seine hohe Anerkennung nicht versagen können.

Ausser der systematischen Bedingtheit war es ein anderer Faktor, der Hegel verhinderte, seinen religiösen Instinkten gemäss die Theorie der Religion auszugestalten. Wenn er von „Religion" redete, so wurde ihm dieser Ausdruck sofort identisch mit „*die* Religion", mit der offiziell kirchlichen Lehre. Wie in Biedermanns und der meisten Hegelianer Schriften „die Philosophie" steht, wo wir präziser „die *Hegel'sche* Philosophie" sagten, so verwendet Hegel das Wort „Religion" im Sinne der Religion $\kappa\alpha\tau'\dot{\epsilon}\xi o\chi\dot{\eta}\nu$, der christlichen oder, wie er selbst gerne sagt, der geoffenbarten, speziell der kirchlich approbirten und ganz genau der evangelisch-kirchlichen Religion. Aus dieser Gleichsetzung von Religion (=Religiosität) und „die Religion" ist es dann allerdings leicht erklärlich, wie diese Bewusstseinstatsache und Geistesmacht ihren Platz im System erhielt. Biedermanns freiere theologische Stellung musste diese Gleichung auflösen. So lange er dem wissenschaftlichen Lehrkörper angehören wollte, und das treudig-innige Bewusstsein eines christlichen Theologen in sich trug, konnte er nicht zugeben, dass die offiziell kirchliche Lehrsatzung mit der christlichen Religion ohne weiters gleichgesetzt werde, war er doch in manchen Stücken mit der *Form* des kirchlichen Dogmas zerfallen. Daher rekurrirte er, wie Hegel auf die *offizielle* Ausprägung zurückgegangen war, seinerseits an die *individuelle* Erfahrung, und *ihr* entnahm er seinen Religionsbegriff, wie auch Hegel von dieser Quelle nicht unberührt geblieben ist.

Übrigens ist sich Biedermann seiner weitgehenden Bedingtheit durch Hegel gar wohl bewusst. Er selbst erzählt, wie er sich bald nach seiner Ankunft in Berlin neben den theologischen Fachstudien mit konzentrirtem Eifer auf die Hegel'sche Philosophie warf. „Bald fügte sich mein ganzes Denken in die grossartige Architektonik dieses Systems ein, und auch die Sprache wurde mir mehr und mehr natürlich zu eigen, während was doch als der eigentliche Kern dieser Philosophie galt, die aus dem reinen Denken spinnende aprioristische Weltkonstruktion der Begriffsdialektik, mir von Anfang an als nur eine andere Art von philosophischer Mythologie, gegenüber der religiösen, verdächtig war".[1] „Ob ich ... dem ächten Geiste Hegels treu blieb, oder prinzipiell von ihm abging, konnte mir gleich sein: ich wollte ja nicht Hegel, sondern die Wahrheit. Für mich war ich allerdings der ersten Überzeugung — und bin es noch. In alle

---

[1] Vortr. 389.

Wege aber war und bin ich Hegel vor allen andern Philosophen für die reichste Befruchtung meines eigenen Denkens dankbar".[1]) So urteilte Biedermann in späteren Jahren; die „Freie Theologie" selbst gibt über ihre Stellung zu Hegel keine direkte summarische Auskunft. Doch glauben wir nicht fehlzugehen, wenn wir gerade bezüglich der Hegel'schen Religionstheorie eine versteckte Anspielung in ihr vermuten. An der fraglichen Stelle nämlich redet Biedermann von neueren, zwar in Einseitigkeit verrannten, aber lebensfrischen Philosophen, welche „die Religion und die Tätigkeit des Geistes in derselben gegenüber der Philosophie recht heruntergemacht haben, sodass dem Leser auf der verwüsteten Stätte unheimlich zu werden anfängt", und nun auf einmal die objektive theoretische Betrachtung umbiegen, sodass sie, die soeben noch kalt und herzlos erschienen, nun selbst „begeistert in den verklärenden *Aether der Idee* eintauchen", und der Leser überrascht ausruft: Seht doch, die Leute haben *auch* Religion![2]) Sollte da nicht in erster Linie an *Hegel* zu denken sein, zumal wenn wir auf die Worte „Äther"[3]) und „Idee" Gewicht legen? — Unsere Hypothese wird gestützt durch eine Bemerkung der nur fünf Jahre späteren „Junghegel'schen Weltanschauung": „Zur Stunde weiss ich nichts anderes, als dass Hegel die Grundlage meines philosophischen Denkens bildet .... und wenn ich auch .... selbständig auf dieser Grundlage weiter zu bauen mir bewusst bin, so weiss ich doch, dass ich damit bis jetzt weder ein über Hegel Hinausgeschrittener, noch von Hegel Abgefallener bin. *Männer wie Hegel reichen weiter als der unmittelbare Bereich ihrer Worte*".[4]) Wir sehen daraus, in voller Übereinstimmung mit dem eben Gesagten, dass Biedermann nicht nur von der Theorie, sondern auch von der ganzen *Persönlichkeit*, vor allem von dem *Geiste Hegels* zu lernen gewiss war.

Damit hat unsere Auffassung des Abhängigkeitsverhältnisses zwischen *Hegel* und *Biedermann* ihre biographische Bestätigung erfahren. Unsere Aufstellungen hatten nun aber durchaus nicht den Sinn, dass die Umformungen, die Biedermann vornahm, direkt und ausschliesslich aus eigenem Antrieb geschahen. Wir sind folglich keineswegs von der Aufgabe dispensirt, uns nach eventuellen Vorbildern und Vermittlungen umzuschauen. Aus biographischen Grün-

---

[1]) Vortr. 390. [2]) Fr. Th. 47. [3]) Vergl. die berühmte Stelle der Einleitung zur Religionsphil. I 4, oben S. 11. Beide Ausdrücke *ausdrücklich Hegel in den Mund gelegt*. Biedermann Dk.¹ 49, ²I 103. [4]) J. W. 20.

den haben wir uns daher zu beschäftigen mit dem vielgerühmten und vielverkannten alttestamentlichen Forscher und Religionsphilosophen, dem Lehrer Biedermanns, *Wilhelm Vatke*.

b. Wilhelm Vatke.

Biedermanns „Erinnerungen" berichten aus dem Anfang der Berliner Studien: „Bei Vatke fand ich, ganz was ich suchte, und zwar je länger, desto mehr, sowohl in der alt- und neutestamentlichen Kritik, als in der Religionsphilosophie .... Das Ideal eines philosophischen Vortrags wurde für mich ein Publikum von Vatke „über die Sünde". Da wurde man auch streng systematisch in den innersten Kern der schwersten Probleme eingeführt und zur denkenden Lösung derselben angeleitet. Den ganzen Gewinn davon erhielt ich vollends, als ich Vatke persönlich näher treten durfte und er im vertrauten Umgang mich Schritt für Schritt an seiner Ausarbeitung jener Vorlesung zu seinem tiefen aber schweren Buch über „die menschliche Freiheit" teilnehmen liess."[1]) Schon daraus dürfen wir schliessen, dass von Vatke, zu dessen Füssen Biedermann gerade in der entscheidenden Periode seines Lebens sass, weitestgehende Einflüsse auf seinen Schüler ausgeübt wurden. Die intellektuelle Beanlagung der Beiden, vor allem auch die Verwandtschaft der Charaktere liess gar nichts anderes erwarten, als dass Biedermann im allgemeinen den Fussspuren seines Lehrers folgen werde.

Vatkes religionsphilosophisches Hauptwerk „Die menschliche Freiheit in ihrem Verhältnis zur Sünde und zur göttlichen Gnade"[2]) diente ihrer Absicht nach nicht nur der Lösung aktueller Probleme der Philosophie, sondern es sollte zugleich eine Probe sein, ob und wie weit eine spekulative Theologie im Sinne des Autors als einigende und versöhnende Macht an den Gegensätzen der Zeit sich bewähren könne.[3]) Unter diesen Gegensätzen ist zu verstehen einerseits die Orthodoxie, anderseits die Hegel'sche Linke mit ihren Anschauungen. Ganz dasselbe kann von Biedermanns „Freier

---

[1]) Vorträge u. Aufs. 391. [2]) Berlin 1841. [3]) Menschliche Freiheit S. 6.

Theologie" gesagt werden. Wenn *Alexander Schweizer* diese Arbeit „den ersten energischen Versuch, die Hegel'sche Linke zu ruhiger Besinnung zu bringen", nennt,[1]) so hat er insofern vollständig recht, als Biedermann sich zum ersten Male energisch und offen gegen diese Adresse wendet. Nur darf nicht übersehen werden, einmal dass bereits Vatke sehr entschieden in diesem Sinne gewirkt hatte, und sodann dass Biedermann nicht weniger als sein Lehrer auch gegen die Anmassungen der theologischen Rechten seine schneidenden Waffen kehrte.

Dieser Übereinstimmung des Planes entspricht an sehr vielen Punkten eine solche der Ausführung. — Vergleichen wir zunächst das Verhältnis von Religion und Philosophie, wie es in den beiden fraglichen Werken gekennzeichnet wird. Vatke spricht sich darüber folgendermassen aus: Man darf von der Religionsphilosophie nicht verlangen und erwarten, dass sie die *Religion in ihrer Eigentümlichkeit und relativen Selbständigkeit*[2]) aufhebe und blos als unvollkommenen Ausdruck des philosophischen Bewusstseins und philosophischer Bestimmungen ansehe.[3]) Die Religion hat ihrem Wesen nach einen *praktischen* Charakter.[4]) Die unbefangene Wissenschaft will keineswegs die Religion ganz oder teilweise vernichten und sich selbst an ihre Stelle setzen, vielmehr „darf die Religionsphilosophie ebenso wenig aufhören Philosophie zu sein, als ihr Objekt aufhören darf Religion zu sein, ein Verhältnis, das bei der verwandten Kunstphilosophie allgemein anerkannt wird."[5]) Nur das will die vorurteilslose Wissenschaft aufrecht halten, dass *Religion und Philosophie zwei verschiedene Sphären sind.*[6]) (Nichts weiter als Ausführung dieser Grundgedanken ist es, wenn die „Religionsphilosophie" bemerkt, die Philosophie bewege sich in blossen Abstraktionen, sowie sie vom empirisch gegebenen Inhalte absehe, und würde damit insbesondere die *praktische* Seite der Religion verkennen, während doch diese letztere gerade das *Hauptsächliche* in der Religion und alles theoretische Beiwerk nur ihr dienstbar und als Mittel zum Zwecke untergeordnet sei.[7])

Die Scheidung von Religion und Philosophie darf aber nicht übertrieben werden. Vollständig von einander unabhängig können die beiden Geistesgebiete auf keinen Fall gefasst werden. Auch

---

[1]) Kirchenblatt f. d. ref. Schweiz 1845 S. 56, *Georg Finsler*, Geschichte der theol. kirchl. Entw. i. d. deutsch-ref. Schweiz. ² 23.   [2]) So auch M. Fr. S. 28.   [3]) M. Fr. 8.   [4]) M. Fr. 85. 107.   [5]) M. Fr. 8, vergl. Vatkes Relig. 7.   [6]) M. Fr. 25.
[7]) Relig. 6. Da die erst 1888 herausgegebenen Vorlesungen über Relig. seit 1839 oder 1840, wo Biedermann bei Vatke hörte, manigfache Veränderungen erfuhren, dürfen wir sie erst in zweiter Linie und nur mit Vorsicht benützen. Doch wäre es sehr übertrieben, diese höchst wichtige Quelle ganz zu ignoriren.

die Religion enthält ja ein theoretisches Moment. „im religiösen Selbstbewusstsein durchdringt sich die theoretische und praktische Seite der Intelligenz auf das Innigste",[1]) und wenn nun das philosophische und das der Religion zugehörige *θεωρητικόν* einfach neben einander Platz fänden, so wäre es um die Einheit des Selbstbewusstseins geschehen.[2]) Daher hält Vatke es auch für ausgemacht, dass die Aussagen des *unmittelbaren* Bewusstseins, auf denen *Friedrich Heinrich Jakobi* gefusst hatte, wobei er den bedenklichen „salto mortale" aus dem Erkennen in's Glauben resp. in den Glauben machen musste, nicht als für sich seiendes festes Faktum den andern psychischen Funktionen gegenüberstehen.

Nach diesen Weisungen läge es nun nahe anzunehmen, die Religion müsse sich von der Philosophie ihrem theoretischen Momente nach Korrekturen gefallen lassen; es ist schwer ersichtlich, wie Vatke dieser Konsequenz entrinnen könnte. Anstatt jedoch diesen Gedanken heteronomer Beeinflussung auszusprechen, betont die „Menschliche Freiheit" durchweg *den autonomen Charakter der Fortbildung des theoretischen Religionsmomentes*. Von anfang an war gesagt worden, die Momente der religiös-moralischen Sphäre „erwachsen aus demselben dialektischen Vermittlungsprozesse, der in allem physischen und geistigen Leben die hüpfenden Pulse und die ewige Jugend der Energie erhält".[3]) Ebenso war ausdrücklich ausgesprochen, das innere Prinzip der Bewegung der Religion sei der Gedanke, die Intelligenz.[4]) Die Religion als wesentlich vernünftige kann sich somit der dialektischen und damit allmäligen Gestaltung ihrer Momente nicht entziehen.[5]) Es war nur ein stärkerer Ausdruck, wenn Vatke erklärte, die Religion selbst sei es, die als vernünftige, durch das in ihr mitgesetzte Denken ihre Erscheinungsform dialektisch umgestalte."[6])

Damit ist aber das Verhältnis von Philosophie und Religion noch nicht aufgeklärt. Über die Tätigkeit der Religion nach der theoretischen Seite hin vernehmen wir in weitern, dass diese intellektuell charakterisirten Elemente sich *allmälig* vom Stamme der Religion als einer Einheit von theoretischen und praktischen Momenten ablösen und zu einer selbständigen, spekulativen Laufbahn emanzipiren können. Im einzelnen soll es oft schwer zu bestimmen sein, „ob und wie weit gewisse Erörterungen *noch der Religion angehören* oder sich auf einer *Uebergangsstufe* bewegen."[7]) Wenn nun die Philosophie ganz aus der Religion hervorginge, etwa so wie Hegel es meinen mochte, wenn er äusserte:

---

[1]) M. Fr. 45, 52. [2]) M. Fr. 3, 28. [3]) M. Fr. 4. [4]) M. Fr. 124, 22, 25, ähnlich Religionsphil. 139. [5]) M. Fr. 124. [6]) M. Fr. 26. [7]) M. Fr. 22.

Die Religion kann wohl ohne Philosophie, aber die Philosophie nicht ohne Religion seyn,[1]) dann wäre unsere Frage, so weit sie ein religionspsychologisches Problem einschliesst, rasch entschieden: Die Religion brauchte sich um ihre emanzipirte Tochter, die Philosophie, nicht weiter zu kümmern. So steht es aber nicht. Vatke gibt zu, dass die Spekulation in manchen Punkten *antireligiös* sein kann, ja muss. „Als man in der alten Kirche die ersten Versuche machte, die Ansicht, dass Gott einen Körper habe, zu vernichten, mussten die Gläubigen, welche daran gewöhnt waren, die Religion selbst für gefährdet halten; die Möglichkeit der Anschauung Gottes, des Gebets, des ganzen lebendigen Umgangs mit Gott schien aufgehoben; jene Antithese, die wesentlich ein Produkt des reinen Gedankens oder der Spekulation ist, trat daher in dieser Hinsicht antireligiös auf, und so hat es sich in vielen ähnlichen Fällen wiederholt."[2]) Dennoch ist niemals das ewige Wesen, sondern immer nur die variable Einkleidungsform der Religion solchen Angriffen zum Opfer gefallen, und darum ist es ein feiger Glaube, der vor der Theorie Furcht zeigte. „Nur in sich morsche Institute können durch Theorien, die dann aber mit dem praktischen Bewusstsein Hand in Hand gehen, umgestürzt werden."[3])

Wenn wir nun fragen, wo denn der Grund des definitiven Zusammenschlusses, der nach aller Entzweiung von Spekulation und Religion immer wieder resultirt, zu suchen sei, so wird uns die Antwort: Er liegt in der *Indentität der Substanz*. Weil die Religion nicht minder als die stolze Vernunft ein Kind der Intelligenz, kann sie nicht im ewigen Widerspruch gegen die legitimen Erzeugnisse wahren Denkens verstrickt sein. Nach einer präziseren Entwicklung dieser Anschauung suchen wir vergeblich, so dass diese sehr stark den Charakter einer Konstruktion a priori erhält, obschon sie durch den Hinweis auf die Geschichte nachträglich einigermassen erhärtet wird.[4])

Da die Religion in so unbestimmter Weise gegen die Philosophie abgegrenzt wurde (eigentlich dürfte man von einer Abgrenzung gar nicht reden), ist auch die Hoffnung auf eine scharfe Fixirung ihrer psychologischen Beschaffenheit gering geworden. Bereits wissen wir, dass sowol ein theoretisches als ein praktisches Moment unerlässlich ist. Besonders wichtig ist auch, dass die beiden nicht im Verhältnis eines blossen Nach- und Nebeneinander stehen, sondern eines *Ineinanders beider Seiten.*[5]) „Wie die Liebe als Betätigung des Willens schon die Erkenntnis invol-

---

[1]) Enc. ³ XX. [2]) M. Fr. 26. [3]) M. Fr. 27 f. [4]) M. Fr. 26 f. [5]) M. Fr. 52.

virt, so umgekehrt die wahre und tiefe sittliche und religiöse Erkenntnis, hier zunächst die praktische, auch die Liebe."[1]) Wir wissen ferner, dass Vatke den Accent auf das praktische Moment legt. *Das Allerbedeutsamste aber ist, dass der eigentliche Kern der Religion in den innern Kultus verlegt wird, in die „lebendige und praktische Vermittlung des Selbstbewusstseins mit dem Göttlichen, wobei Gefühl, Vorstellung, Gedanke nur sich ablösende und durchdringende Formen für den unendlichen Inhalt bilden".*[2]) Die Religion als solche ist Sache des Lebens, der inneren Erfahrung, der Zucht und Verklärung des ganzen Menschen[3]), in ihr tritt der Mensch in ein inneres Verhältnis zu Gott[4]) — also konstatiren wir, dass dem Kultus die zentrale Stellung im religiösen Phänomen eingeräumt wird.

Von besonderer Wichtigkeit für uns ist auch die Bedeutung, die Vatke der *Vorstellung* im religiösen Akte zubemisst. Während das begriffliche Denken Gott und Mensch als abstrakte und unselbständige Momente einer konkreten Identität fasst, treten sie in der Vorstellung unter die Kategorie der Relation und damit auseinander, denn nur zwischen getrennten Grössen kann überhaupt ein Verhältnis stattfinden. Demnach enthielte die Vorstellung einen Mangel, den die Spekulation eliminirt hat. Da nun die Fortbildung des gegenständlichen Momentes der Religion dieser selbst nicht nur keinen Eintrag tun soll, sondern sogar durch immenente Notwendigkeit, durch den Intelligenzcharakter ihrer Substanz, postulirt ist, scheint der Standpunkt des spekulativen Denkens für den gebildeten Religiosen der einzig mögliche und natürliche. Diese Folgerung gibt Vatke selbst beinahe zu, wenn er erklärt: „Die Religion kann sich ... keineswegs gänzlich der dialektischen .... Gestaltung ihrer Momente entziehen, *sie denkt Gott selbst bald abstrakter, bald konkreter,*"[5]) aber sofort fährt er fort: „der charakteristische Unterschied (des gegenständlichen Bewusstseins in der Religion) von der Spekulation liegt jedoch darin, dass die Seiten mehr neben und nach einander, weniger in einander aufgefasst werden, eine Weise des Denkens, wodurch sich ja überhaupt die innere Anschauung von dem reinen, spekulativen Denken unterscheidet."[6]) Dafür aber hat das fromme Bewusstsein den göttlichen und menschlichen Willen auf praktische Weise in wahrer Identität.[7]) *Damit wird die Religion also dennoch mit der Vorstellung unlöslich verbunden,* wird also dazu verurteilt, ihren Gegenstand inadäquat zu fassen.

---

[1]) M. Fr. 51. [2]) M. Fr. 21. [3]) Ib. [4]) Ib. 107. [5]) M. Fr. 124. [6]) M. Fr. 124. [7]) M. Fr. 125.

Mit diesen wenigen Worten haben wir die Religionspsychologie Vatkes in den Umrissen skizzirt, soweit sie für uns in Betracht kommt und die „Menschliche Freiheit" darüber Aufschluss gibt. Das Werk diente nicht spezifisch religionstheoretischen Interessen; um so mehr müssen wir davon befriedigt sein, dass wir ein wenigstens einigermassen klares Bild erhalten konnten, obschon manche Punkte einer ausführlicheren Erörterung riefen. Unsere Aufgabe ist nunmehr, Biedermanns Entwicklungen mit den obigen zu vergleichen, um dem inneren Kausalzusammenhang beider Theorien näher zu kommen.

Die *Absicht* Vatkes, der Religion eine gesicherte Stellung zuzuweisen, deckt sich vollkommen mit derjenigen Biedermanns. Auch das äusserst nahe liegende Mittel, diesem Zwecke zu genügen, ist beiden gemeinsam: Die Internirung des frommen Bewusstseins in eine eigene Sphäre seelischer Tätigkeit, und zwar die praktische. Naturgemäss musste sich dem einen wie dem andern die Unmöglichkeit herausstellen, Philosophie und Religion hermetisch gegen einander abzuschliessen. Theoretische Momente diffundirten von der Philosopie zur Religion hinüber und vice versa strömten aus der Religion Wissenselemente in das Gefäss der Profanwissenschaft und störten sie. Doch war die Störung in ersterem, dem wichtigeren Falle keine Zerstörung, denn alsbald trat eine neue Verbindung der Elemente ein, und siehe da — nur die äussere Existenzweise, nicht aber das innere Wesen der Religion war verändert. Das war im Grunde auch Vatkes Anschauung, die er an einzelnen Orten nicht verhehlen kann. Nur rekurrirte er sofort wieder einfach auf die sich selbst treu bleibende Triebkraft der gemeinschaftlichen substanziellen Basis von Philosophie und Religion, während Biedermann weit entschiedener die beiden phänomenal auseinanderhielt und von einer *äusseren* Beeinflussung redete.

Noch grösser wird die Ähnlichkeit, wenn wir den *Motiven und Ausgangspunkten* dieser Betrachtungsweise nachgehen. Negativ kommt hier zu allermeist in Betracht jene herzlose Kritik der Hegel'schen Radikalen, von der wir oben redeten. Die Art, in welcher der lebendige Organismus der Religion durchwühlt wurde, so dass ungesehen das Leben unter der Hand des Vivisektors entwich, musste einem energischen Proteste rufen. Und da es immer zunächst die äussere theoretische Gestaltung und Ausprägung der Religion war, die der Kritik die Waffen in die Hand gab, während der Kultus nur so nebenbei hinweggewischt wurde, lag die Aufforderung vor, gerade hier energisch einzusetzen, und der Kritik die Kritik entgegenzustellen. Was die „Wissenschaft" negirte. war Vatke und Biedermann ja nur ein Gewand, das sie als sekundär betrachteten, die intakt gebliebene unio mystica des Kultus aber gerade der Kern der Religion. Wir schilderten oben, wie Biedermann einfach die vervollkommnete Kultustheorie Hegels zur Religionstheorie erhob. **Hier sehen wir nun, dass gerade da, wo Biedermann wesentlich von Hegel abwich, sein Lehrer ihm vorbildlich vorangegangen war.**

Im einzelnen sind die Berührungen beider Theorien ziemlich zahlreich. Dass der religiösen Tätigkeit die Vernunft zu Grunde liege (Vatke nennt sie meist „Intelligenz"). dieser Hegelsche Grundsatz ist durch Vatke auf Biedermann vererbt worden.[1]) Dass die Angaben des religiösen Selbstbewusstseins nicht ausser allem Kontakt mit den übrigen Leistungen des Menschengeistes stehen. konnte Biedermann ebenso leicht herübernehmen und gegen die ins Feld führen, die ein eigenes religiöses Organ aufstellen wollten.[2]) Dass das theoretische und praktische Moment in der Religion zur *Einheit* zusammengeschlossen sein müssen, war auch Biedermann ein Satz von sehr grosser Wichtigkeit.[3]) Dass die Religion mit *jeder* theoretischen Geistesstufe verträglich sei, aber dennoch vorzugsweise zur Form der Vorstellung hinneige, ist ebenso gerne vom Schüler akzeptirt worden. Aus alledem folgt: **Nicht nur die Inauguration des praktischen Momentes im Religionsprozess, sondern auch die harmonische Verbindung desselben mit dem Hegelismus, wie sie uns bei Biedermann begegnet, ist von Vatke sehr stark beeinflusst.**

Und doch hat Biedermann seine Selbständigkeit auch gegen Vatke zu wahren vermocht. Was dieser in beiläufigen Bemerkungen der „Menschlichen Freiheit" darbot. hat er zur einheitlichen Theorie spekulativ durchgeführt. wobei er die Unklarheiten, ja Widersprüche der Gedankengänge seines Lehrers aufzuheben versuchte. Gerade der Begriff der Religion ist erst von Biedermann scharf abgegrenzt und konsequent ausgebaut worden. Vatke scheint hier ein gewisses Schwanken zu verraten. das bei einer ausführlichen Behandlung der religionspsychologischen Probleme kaum hätte beharren können. Schon oben bedauerten wir die vage Abgrenzung der Religion und Philosophie, und konnten dies nicht in Einklang bringen mit der Behauptung, dass die beiden zwei verschiedene Sphären des menschlichen Geisteslebens seien. Biedermann hat die Grenzfrage definitiv und klar geregelt: In dem Augenblicke, wo das gegenständliche Bewusstsein ins unmittelbare Selbst-

---

[1]) M. Fr. 22, 25, 28, Religionsphil. 139. [2]) Vergl. bes. die spätere Polemik der Dk. gegen *Dan. Schenkel* (²I 205—208). [3]) Vergl. M. Fr. 52 f. mit Fr. Th. 40 f.

bewusstsein reflektirt wird. entsteht Religion. Vatke konnte noch sagen: Die Religion selbst ist es. welche durch das in ihr mitgesetzte Denken ihre Erscheinungsform umgestaltet und sich damit partiell umgestaltet[1]). womit der Religion. wenn wir Vatke bei diesem Ausdruck behaften. selber dialektische Gelüste oder Triebe innewohnten. Biedermann könnte niemals so reden. Im Gegenteil betont er ausdrücklich, dass die Religion in ihrer jeweiligen Form sich selbst genüge, und nur ein äusserer Anstoss Wandel schaffen könne.[2]) -- Ebenso wäre es Biedermann unmöglich. mit Vatke zu sagen: Das theoretische Moment der Religion kann selbständiger auftreten, so dass oft schwer zu entscheiden ist, ob es *noch der Religion angehört* oder schon einem Übergangsstadium zur Spekulation.[3]) Oder: „Das religiöse Bewusstsein kann sich allerdings die spekulative Auffassung der Natur nicht aneignen, da diese nur im Zusammenhange der Spekulation überhaupt Haltung und Bildung hat; dafür muss es sich aber auch bescheiden, viele Beziehungen im Verhältnisse der Natur zum Geiste nicht begreifen zu wollen."[4]) Ferner: Der charakteristische Unterschied der Religion von der Spekulation soll, wie wir bereits fanden, darin liegen, dass die erstere an die Vorstellung gebunden sein soll."[5]) Auch hier diese Unentschiedenheit der Differenzirung, die schon *Julius Müller* und in späterer Zeit *Holtzmann* rügte.[6]) *Man kann nicht umhin, Biedermanns konsequentere Ausprägung rühmend uns Licht zu setzen.*

Die Vorlesungen über Religionsphilosophie führen diese Gedanken weiter. Auch hier das Bestreben. die Integrität sowol der Religion. als der Philosophie festzuhalten,[7]) ohne die beiden jedoch völlig von einander zu isoliren.[8]) sondern vielmehr mit dankbarer Anerkennung der gegenseitigen positiven und negativen Bereicherungen,[9]) doch die präzise Fassung bleibt noch immer recht verborgen. Für unseren Zweck können wir um so weniger Gebrauch von den Vorlesungen machen, als sie im Laufe der Jahrzehnte manche Veränderungen erfuhren, die sich unserer

---

[1]) M. Fr. 26. [2]) Fr. Th. 61. Biedermann geht hier dem Ausdrucke nach noch weit über *Schleiermacher* hinaus, vergl. „Reden" S. 120: „Sie (die Religion) half mir, als ich anfing, den väterlichen Glauben zu sichten und das Herz (2. Aufl.: Gedanken und Gefühle) zu reinigen von dem Schutte der Vorwelt." Die Meinung Biedermanns dagegen bei *Feuerbach*, Wesen des Chr. S. IV. [3]) M. Fr. 22. [4]) M. Fr. 384. [5]) M. Fr. 123 f. [6]) *H. Holtzmann*, Die Entwicklung des Religionsbegriffs in der Schule Hegels, Hilpenfelds Zschr. f. wiss. Th. 1878. S. 208 ff., 853 ff. [7]) Vatke, Religionsphil. 7. [8]) Vatke, Religionsphil. 9. [9]) Vatke, Religionsphil. 10.

Kontrolle entziehen.¹) Spuren direkter Abhängigkeit über die aus der „Menschlichen Freiheit" konstatirten hinaus konnten wir nicht entdecken.

All diese Darlegungen dürften zur Genüge beweisen, dass Biedermann in seiner Religionspsychologie mit Sicherheit als ein *echter Schüler Vatkes* bezeichnet werden darf. Der Unterschied zwischen beiden ist nur in dem natürlichen Fortschreiten entwicklungsfähiger Ideen begründet zu sehen. Höchstens könnte man noch sagen: Vatke betrachtet die Religionsphilosophie wie Hegel vorwiegend aus der Vogelperspektive der Idee. Biedermann dagegen schaut von der Erde aus in den Himmel, doch dies gehört schon in die folgende erkenntnis-theoretische Abhandlung. Zu verwundern ist es nicht, dass Vatke an der ihm gewidmeten „Freien Theologie" wenig auszusetzen hatte, war es doch nur sein eigener Geist, der in einem andern Gefässe sich auswirkte. „Was die Sache anbetrifft, so schreibt er an Biedermann, so bin ich mit Ihnen grossenteils einverstanden und insofern ein schlechter Rezensent. Das über die Philosophie Gesagte ist, wie ich urteile, sehr gut; das über die Religion Exponirte gut, aber mit Ausstellungen."²) Mit Recht aber erklärt auch der nämliche Brief: „Ich freue mich der eigentümlichen Weise, wie Sie Ihr Ziel zu erreichen streben."³) Das Ziel allerdings war von Vatke und den Zeitverhältnissen gegeben. Biedermanns Verdienst aber besteht in der gründlichen und selbständigen *Verarbeitung* des überkommenen Materials, ob auch die *Resultate* wenig neues brachten, das nicht schon früher an's Tageslicht getreten war.⁴)

---

¹) Vatke, Religionsphil. VIII. ²) Beneke 418. Worin diese Ausstellungen bestanden haben mögen, wird namentl. die religions-metaphysische Erörterung aufweisen. ³) Ib. ⁴) Wie weit Biedermann selbst sich seines Unabhängigkeitsgefühles gegen Vatke bewusst war, verrät der Brief vom April 1843, mit dem er diesem die Widmung seiner Fr. Th. anbot: „Sie werden darin sowohl in Beziehung auf die Vertretung der Rechte und des Wesens der Wissenschaft, als auf die Würdigung der Religion Ihren Schüler im Geiste wiederfinden." (Beneke 413.) Ebenso das Begleitschreiben zu dem erschienenen Werke: „Ich hoffe zwar, Sie werden dasselbe Fundament des spekulativen Gedankens darin wieder finden, das ich seiner Zeit in Ihrer Zucht und Schule des Denkens gelegt habe. In der Ausführung dagegen habe ich mich vielleicht in Ihren Augen zu viel im Gedankenkreis und der Ausdrucksweise Feuerbachs gehalten." (Beneke 414.) Das Ergebnis unserer Untersuchung wird daher von Biedermann selbst anerkannt, wie anderseits wir seine Selbstbeurteilung als vollständig zutreffend qualifiziren können.

c. Die übrigen Vertreter des Hegelismus.

α. David Fr. Strauss und Ludwig Feuerbach.

Neben Vatke war es das rüstige Korps der Junghegelianer, das mit jugendfrischer Begeisterung, teilweise aber auch mit zunehmend fanatischem Radikalismus vor Biedermanns Augen die grossen Gedanken Hegels in die Religionswissenschaft hineinzutragen beflissen war. Im Vordertreffen stunden *David Strauss* und *Ludwig Feuerbach*, ersterer an der Spitze des neutestamentlichen, letzterer an der des religionswissenschaftlichen Feldzuges stehend.

Biedermann erzählt, wie grossen Eindruck das unlängst (1835) erschienene „Leben Jesu" von *Strauss* schon zur Zeit seines Studiums in Basel auf ihn machte: wir ersehen daraus, dass nicht allein die Exegese des Neuen Testaments, sondern damit zugleich „die Eröffnung wenigstens der Perspektive auf eine denkende, tiefere Fassung des rein geistigen Kerns der Religion" ihm tiefen Eindruck machte.[1]) In Berlin widmete Biedermann der Strauss'schen Glaubenslehre viel Interesse. Den zweiten Band dieses Werkes las er „Bogen um Bogen in Einer Nacht ganz durch."[2]) Für die Religionspsychologie kommt jedoch einzig der erste Band in Betracht, so wenig daselbst eine durchgebildete Theorie vorliegt.

Als Ergebnis einer geschichtlichen Analyse des Religionsbegriffs und der Stellung von Philosophie und Religion zu einander findet Strauss als die der Gegenwart von der historischen Entwicklung gestellte Preisaufgabe: Wie verträgt sich „die Anerkenntnis der Religion als eines eigentümlichen Gebietes geistiger Tätigkeit (das richtige Moment der Schleiermacher'schen Theologie) — mit dem Wahren des früheren Standpunktes (der Aufklärung): der Unterordnung derselben unter das philosophische Wissen als höchste Instanz?"[3]) Hegel war nicht in der Lage, ein befriedigendes Verhältnis zwischen den beiden Postulaten herzustellen, denn es geht nicht an, die Idee in die verendlichende Form der Vorstellung einzuschliessen, und dennoch dem Reinigungsfeuer der die Vorstellung überwindenden Philosophie vorzuenthalten.[4]) Im Anschluss an *Hegels* Berichtigung durch *Feuerbach* entwickelt daher *Strauss* einige Gedanken, welche die Lösung der aktuellen Aufgabe

---

[1]) Erg. 387. [2]) Erg. 399. [3]) Strauss, Die christl. Glaubenslehre, I 10.
[4]) Glsl. I 12 ff.

näher bringen sollen[1]): Das Gemüt ist der Boden, dem die Religion unmittelbar entspriesst[2]) (nach Hegel war es die Vernunft). Damit wird auch zugestanden werden müssen, dass dieser Boden unter anderem auch mit den sinnlichen, endlichen, rein subjektiven Wünschen und Bedürfnissen geschwängert sei.[3]) doch soll nicht geleugnet werden, dass auch die Vernunft, die objektive Tätigkeit der Intelligenz, ihren Samen in diesen Boden streue und mithin die aus demselben aufkeimende Religion an beiden Seiten Anteil habe.[4]) *Feuerbach* übertreibt in *Strauss'* Augen die Bedeutung der alogischen Seite des menschlichen Wesens für die Erzeugung des religiösen Bewusstseins und wird zu unwürdigen, niedrigen Auslegungen religiöser, namentlich evangelischer Erzählungen geführt, von denen Strauss nicht befriedigt werden kann.[5]) So entscheidet sich dieser denn für eine Mittelstellung zwischen *Hegel* und *Feuerbach*, indem er zwar den Inhalt der an die Form der Vorstellung gebundenen Religion für unvollkommen erklärt (gegen *Hegel*), andererseits aber den Trieb der menschlichen Natur nach Selbsterkenntnis, die Vernunft, auch die Form der Vorstellung beherrschen und zu immer grösserer Annäherung an die Wahrheit gelangen lässt.[6]) Die Wahrheit selbst aber (in reiner Gestalt) kann nur die Philosophie zu eigen haben, ist sie aber in ihren Besitz gelangt, so leisten die geläuterten philosophischen Begriffe im menschlichen Leben ganz dasselbe, was vorher die religiösen Vorstellungen.[7]) „Religion und Philosophie tun demselben höchsten Bedürfnis des Geistes genug: mit sich selbst in's Reine zu kommen, des Einklangs seiner endlichen Erscheinung mit seinem absoluten Wesen inne zu werden; nur dass die Religion sich zu diesem Behufe mit Gefühlen und Vorstellungen begnügt, zu deren Erregung und Ausdruck sie eines besondern Kreises von Darstellungen und Übungen bedarf: wogegen die Philo-

---

[1]) Wie wenig Strauss in Hegels Geist eingedrungen ist, verrät die Bemerkung, es könne keinen wesentlichen Unterschied begründen, dass Hegel die Form des religiösen Standpunktes durch die Vorstellung überhaupt, Feuerbach näher durch die Phantasie bestimmt werden lasse. Erst dass letzterer der Phantasie als sollicitirende Kraft das Gemüt beigeselle, begründe eine tiefgehende Differenz, indem Hegel als solche den Vernunftinstinkt, der sich selbst erfassen möchte, annehme. Nein, nicht die psychologische Vermittlung, sondern die metaphysische Divergenz ist das Entscheidende! Hegels Vorstellung enthält daher die volle Wahrheit (Religionsphil. I 80). Feuerbachs Phantasie aber ist Illusion, und es sind beide gänzlich von einander verschieden. Es ist bedauerlich, dass Strauss sich so sehr durch blosse Worte zur Beurteilung religionsphilosophischer Standpunkte bestimmen liess. [2]) Glsl. I 19. [3]) Ib. [4]) Ib. [5]) Glsl. I 21. [6]) Glsl. I 22. [7]) Ib.

sophie diesen letzten Schleier zerreisst, und zur Anschauung der Sache selbst, zum Begriffe vordringt."[1])

Mit einem Teil dieser Reflexion ist Biedermann sehr einverstanden. Die Kritik der Hegel'schen Religionslehre, wie sie sich bei konsequenter Anwendung der Prinzipien des Systems ergab, trifft vollkommen zu — Biedermann anerkennt noch in späteren Jahren, dass die Fixirung des Wesens der Religion im Bezirk der Vorstellung einseitig, oder vielmehr genauer, da Wahres und Falsches dabei durcheinander geht, zweideutig sei.[2]) Die Betonung der Gemütsseite in der Religion musste nach allem Vorhergehenden gleichfalls sympathisch berühren. Einnehmend war auch die massvolle Kritik der geistreich-törichten Insinuationen Feuerbachs gegen die biblische Geschichte und die verständige Anerkennung der Möglichkeit einer religiösen Wirksamkeit einzelner philosophischer Doktrinen.

Allein die letztere Bemerkung hatte Biedermann bei *Hegel*, *Schelling*, bei den *Theosophen* und *Mystikern* aller Zeiten u. s. f. bereits so deutlich illustrirt gefunden, dass die Anerkennung dieser Tatsache zureichend historisch begründet wäre. Die übrigen Aussagen aber konnte Biedermann von *Vatke* weit unmittelbarer und eingehender begründet übernehmen, sie waren also wahrscheinlich nur von deuteronomischer Bedeutung. Jedenfalls aber kann sehr wohl die Autorität der Strauss'schen Aussagen das Gewicht der Lehren Vatkes unterstützt haben; auch ist anzunehmen, dass dieser selbst seine Schüler auf eine exakte Würdigung der in Frage stehenden Excurse hinwies. *Aber auch in diesem Falle kann Strauss keine grosse direkte Bedeutung für Biedermanns positiven religionspsychologischen Entwicklungsgang zugeschrieben werden;* dieser wäre sehr wohl erklärbar ohne den grossen Kritiker und Dogmenhistoriker. Nur das grosse Verdienst dürfen wir nicht vergessen, dass Strauss durch sein „Leben Jesu" in Biedermann einen fruchtbaren Nährboden für die *positiv gerichtete* Wirksamkeit *Vatkes*, und namentlich, wie wir bereits oben (S. 240) hörten, *Hegels*, zubereitete, und damit zu der frühreifen Entwicklung des wahrheitsdurstigen Jünglings nicht wenig beitrug. Namentlich kann das nicht genug betont werden, dass Strauss mit seinen kritischen Resultaten und vorwiegend destruktiv wirkenden Ergebnissen Biedermann auf die Notwendigkeit hinwies, alle Kraft für den Aufbau eines neuen, widerstandskräftigen Gebäudes auf dem Trümmerhaufen der historischen und dogmatischen Kritik einzusetzen. Hatte die Orthodoxie die Wahrheit in Kerkermauern eingeschlossen, so hatte

---

[1]) Glsl. I 23. [2]) Aufs. 412.

Strauss sie unter Ruinen begraben, und was ist schlimmer? — So war denn schon historisch ein günstiger Boden geschaffen für die „fruchtbar" bei Biedermann einschlagende Äusserung Vatkes: Strauss sei wohl in der Kritik ein tadelloser Meister, aber nicht spekulativ (d. h. wie wir später sehen werden, nicht positiv aus dem Kapital des menschlichen Geistes aufbauend) genug.[1]) *Strauss* hat die Kritik als isolirt negativ auftretende Macht ad absurdum geführt; daher wurde für Biedermann die Betonung des positiven Kernes zur Gewissenssache, und die Richtung seiner Wirksamkeit stand fest.

Straussens Glaubenslehre musste Biedermann mit einem Religionsphilosophen bekannt machen, der in vielen Beziehungen David Strauss nahe verwandt ist, mit **Ludwig Feuerbach.** Beide ursprünglich Theologen, beide ursprünglich Hegelianer, dabei aber von scharfem Blick für Detailforschung, machten sie einen gemeinsamen Entwicklungsgang durch, der beim Naturalismus und Humanismus endete, nur dass Feuerbach dabei weit rascher zum Abschluss kam.

Schon die früheren Schriften *Feuerbachs*[2]) enthalten das meiste von dem, was ihr Autor der Welt zu sagen hatte. Die wenigen Sätze, die *Strauss* in seiner Glaubenslehre zitirt, sind geradezu ein ziemlich vollständiges Compendium der *Feuerbach*'schen Theologie. Der Standpunkt der Theologie ist der praktische: der der Philosophie der Standpunkt der $\vartheta\epsilon\omega\varrho\iota\alpha$. Auf ersterem ist das Subjekt subjektiv, auf letzterem objektiv sich verhaltend.[3]) Die Religion wird behandelt als ein psychologisches Problem, das nicht sowohl auf seinen Wahrheitsgehalt, als auf seinen Ursprung untersucht werden will.[4]) Bei dieser Untersuchung zeigt sich, dass die inferioren Formen der Religion, nach Hegel nur unwesentlich von der Philosophie scheidend, in Tat und Wahrheit gerade das Konstituirende bilden, denn die Formen der *Phantasie* und des *Gemütes* machen gerade das Spezifische des religiösen Inhaltes aus.[5]) Es sind die individuellen Bedürfnisse des *Herzens*, welche zur Religion führen. Diese macht sich einen Gott, wie sie ihn eben braucht oder vielmehr *wünscht.*[6]) Wie dem erkennenden Menschen Gott als Substanz, Monade, Idee bewusst wird, so dem religiösen, der sich als persönliches Wesen verhält, als Person. Analog den menschlichen Tätigkeiten denkt sich der

---

[1]) Aufs. 397. [2]) „Leibnitz", „Bayle", Philosophie u. Chr." [3]) Strauss, Glsl. I 18. [4]) Strauss, Glsl. I 17. [5]) Feuerbach, Wesen der Religion S. 74. [6]) Strauss, Glsl. I 18, Feuerbach, Wesen der Religon 75.

Mensch die göttlichen: Schöpfung, Erlösung u. s. f. werden auf diese Weise zu willkürlich-freien Willensakten, die ganze Heilsgeschichte wird nach den Gesichtspunkten des menschlichen Tuns normirt. — Wir sehen, Feuerbach ist schon ganz nahe seiner späteren Kardinalthese: Theologie ist Anthropologie.[1]) doch erscheint es ihm noch weit wichtiger, die Religion als eine Sache menschlichen Wünschens und selbstsüchtiger Phantasie darzulegen und damit ihre theoretische Seite prinzipiell zu entwerten. Nur der Wissenschaft räumt er dementsprechend den Drang nach adäquater Erfassung des Objektes ein, während die Religion sich um die Dinge nur so weit kümmere, als sie für unseren Vorteil in Betracht kommen. (Man könnte in Feuerbachs Geiste also etwa die Formel bilden: Die Philosophie geht auf das Ansichsein des Fürmichsein [den Grund der Escheinungen], die Religion auf das Fürmichsein des Ansichsein.)

Das religionspsychologische Hauptwerk Feuerbachs versucht diese Gedanken durch eine erkenntnistheoretische Substruktion und eine Reihe psychologisch sein sollender Analysen dogmatischer Loci zu erhärten.[2]) Wenig neuer Text zum alten Lied! Immer wieder der alte Refrain: Theologie = Anthropologie, die Religion praktischen Charakters,[3]) das menschliche Bedürfnis ihr Vater,[4]) sie selbst an die Vorstellung gebunden, bis endlich das Ergebnis lautet: Ob auch ohne Religion des Menschen Leben zwecklos,[5]) ob auch alle tüchtigen Menschen sich einen höchsten Zweck setzten, also Religion besassen,[6]) ob auch ein Mensch ohne Gott, d. h. ohne einen Endzweck, ohne Heimat, ohne Heiligtum ist,[7]) dennoch muss bekannt werden: Die Religion, wie sie geschichtlich gegeben vorliegt, saugt der Moral ihre besten Kräfte aus[8]), sie ist nicht nur Illusion,[9]) sondern ein grundverderblich auf die Menschen wirkender Irrtum,[10]) der den Menschen wie um die Kraft des wirklichen Lebens, so um den Wahrheits- und Tugendsinn bringt! Eine höhere Religion aber kann Feuerbach nicht bieten, ausser dem Kultus der Humanität.

Als das wichtigste Motiv dieser ganzen Verhandlungen erscheint die Betonung der praktisch-subjektiven Natur der Religion. Wenn wir das Buch aber gerade nach dieser Seite hin genau in's Auge fassen, so sehen wir, dass Feuerbach selbst seiner

---

[1]) Wesen des Chr. S. VI, 314, 369. [2]) Aus dem der zürcherischen Kantonsbibliothek angehörigen Handexemplar Biedermanns ist ersichtlich, dass dieser das Feuerbach'sche Buch schon 1841, also im Jahre seiner Publikation kennen lernte. [3]) Wesen d. Chr. 251, 263. [4]) Ib. 264. [5]) Ib. 70. [6]) Ib. 70/71. [7]) Ib. 71. [8]) Ib. 373. [9]) Ib. 375. [10]) Ib. 376.

These vielfach untreu geworden ist. Das beweist die Durchschlagskraft, die er seiner Polemik gegen dogmatische Begriffe beimisst. — er glaubt mit seiner so phantastischen Kritik der Dogmen die Religion selbst auf den Tod verwundet zu haben. — So kommt es, dass Biedermanns Religionpsychologie von Feuerbachs Einfluss vollständig unberührt geblieben ist. Die allerdings sehr grosse Wichtigkeit Feuerbach'scher Einwirkung betrifft somit ausschliesslich die Erkenntnistheorie und Metaphysik Biedermanns, und auch diese mehr formell als materiell. Nur insofern können wir diesem Philosophen eine gewisse Motivationskraft für die Religionslehre Biedermanns zuschreiben, als dieser durch die wohlerkannte Unklarheit Feuerbachs[1]) zu einer präzisen Ausgestaltung der ihm vorschwebenden Theorie mit veranlasst wurde.

β. Eduard Zeller und Richard Rothe.

Neben *Vatke* war der bedeutendste Repräsentant der Hegel'schen Philosophie vom Zentrum *Ed. Zeller,* der Herausgeber der „Theologischen Jahrbücher", in welchen Biedermanns erste grössere Abhandlung erschienen war. Von Hegel ausgehend, konnte auch er, wie Strauss u. a. nicht bei dessen die Form der Vorstellung urgirenden Bestimmung stehen bleiben, ja Vatke rühmt in seinen Vorlesungen gerade ihn, „einen der bedeutendsten Vertreter der Hegel'schen Richtung", dass er auf den praktischen Gehalt der Religion habe Gewicht legen wollen.[2]) Die Religion ist ihm Leben des Subjekts in Gott, und nur dieses.[3]) Bildet eine bestimmte *Vorstellung* über Gott die Voraussetzung dieser Lebensbeziehung, so führt doch die *entscheidende* Stimme in ihr das *Gefühl,* während eine bestimmte Weise des *Handelns* ihre notwendige Folge bildet. Mit Vorliebe nennt Zeller das religiöse Verhalten eine *pathologische* Tätigkeit.[4]) Die Religion entsteht insonderheit dadurch, dass die theoretische Vorstellung sich in das gemütliche Bedürfnis des Individuums *reflektirt.*[5]) Wenn die Religion ihren Gegenstand in die Form der Vorstellung fasst, so war ihr diese Beschränkung dadurch geboten, dass sie Gemeingut aller sein soll; zu reinen Phantasmagorien sinkt sie deshalb keineswegs herab, obschon ihre Geburt durch solche mitbedingt war, denn der Wert und die Würde der Religion hängen schliesslich doch allein davon ab, was sie an und für sich ist und für das geistige Leben der Menschheit leistet.

---

[1]) Fr. Th. 32, 49. [2]) Vatke, Religionsphil. 9. [3]) Theolog. Jbb. 1845, S. 409.
[4]) Theolog. Jbb. 1845, S. 394 o. [5]) H. Holtzmann. Z. f. wiss. Theol. 1878.

Da Biedermanns „Freie Theologie" ein Jahr vor Zellers religionswissenschaftlichen Aufsätzen erschien, können diese höchstens für die spätern wissenschaftlichen Arbeiten von Belang sein. Und wirklich zeigt sich schon die „Junghegel'sche Weltanschauung" auf einem wichtigen Punkte von Zeller direkt beeinflusst. Die „Freie Theologie" hatte noch ganz unbefangen erklärt, wenn auch *äusserlich* die Vorstellung die allgemein übliche Form des theoretischen Religionsmomentes sei, so sei doch die Religion selbst in ihrer Totalität über diese Beschränkung hinaus und schlechthin auf allen möglichen Stufen des Denkens vollziehbar.¹) Zeller hatte darin eine Differenz zwischen seiner und Biedermanns Theorie erblickt, indem dieser die Vorstellung als *eine* von den theoretischen Formen des religiösen Bewusstseins betrachte, während er selbst sie für die *wesentliche* Form desselben erkläre.²) Dem gegenüber gesteht Biedermann ein, dass die Vorstellung die allgemeine und bleibende Form des religiösen Bewusstseins sei, einmal wegen der Unpopularität des philosophischen Denkens, sodann aber weil die Form der Vorstellung viel leichter die reale Wechselwirkung zwischen dem Ich und dem Absoluten ausdrücken könne, indem der Philosoph nur „wenn er sein ganzes Denken zusammenhält", also scharf zusieht alle Momente des religiösen Verhältnisses logisch beherrschen kann, und dabei kann natürlich von einem religiösen Akte nicht die Rede sein.³) **So gelangt Biedermann unter Zellers Einwirkung zu seiner Annahme einer Oscillation des philosophisch gebildeten Geistes zwischen einem rein gedanklichen Erfassen des Absoluten in der Philosophie und einem nur vorstellungsmässigen Bilde in dem religiösen Augenblicke selbst.**⁴)

Wenn wir auch *Richard Rothe* erwähnen, den Mann, dessen Name nach Biedermanns Ausspruch kein Theologe anders als mit Ehrfurcht nennen wird,⁵) so geschieht es nicht, um direkte Einwirkungen auf Biedermann anzuführen. Immerhin finden sich eine Menge von spekulativen Ideen bei diesem berühmten Ethiker, die für Biedermann die Bedeutung verstärkender Motive haben konnten. Dass die religiösen Vorstellungen zerbrochen werden können, ohne dass das Gefühl des Frommen gleichzeitig abzusterben brauche,⁶) erwies sich als ein sehr fruchtbarer Gedanke, den Biedermann als zu verarbeitendes Material gerne übernahm,

---

¹) Fr. Th. 53. ²) Theol. Jbb. 1845, 421. ³) J. W. 132. ⁴) J. W. 132, Prot. Kzeitg. 1877 S. 48, Dk.¹ 647, Dk.² II 547. ⁵) Prot. Kzeitg. 1878, S. 1070. ⁶) Ethik ² I 46.

ob er ihn schon nicht Rothe allein zu danken hat. Der starke spekulative Trieb des frommen Denkers, den theoretischen Aussagen des religiös affizirten Gemütes eine streng begriffsmässige Form zu geben, die auch vor dem Tribunal der kritischen Vernunft Stand halte,[1]) fand in Biedermann gleichfalls mächtigen Widerhall. Wenn Rothe sagte: Die Frömmigkeit, zumal die christliche, ist wesentlich Sache des *ganzen* Menschen,[2]) so lag hierin eine von Biedermann anerkannte Wahrheit, zu deren Gewinnung und Verwertung noch viel zu tun übrig war, und wirklich hat Biedermann sich die in dieser Bestimmung gelegene Aufforderung später in fruchtbarster Weise zu nutze gemacht.

γ. Heinrich Lang.

Was von Rothe gesagt wurde, gilt auch von dem geistvollen Pfarrer zu Wartau, *Heinrich Lang*. Nirgends direkte Beeinflussung, überall aber Anregung zu immer konsequenterer Ausbildung der bereits gewonnenen Ideen. Es ist möglich, doch soll es nicht geradezu behauptet werden, dass Langs „Versuch einer christlichen Dogmatik"[3]) dazu beitrug, das Willensmoment als constitutivum in den Religionsprozess selbst hineinzuziehen. Das christliche Prinzip ist nach den kurzen Bemerkungen des kleinen Buches vorherrschend ein praktisches, ein Prinzip des *sittlich-religiösen Lebens*.[4]) Wir erkannten, dass der früheren Phase Biedermanns die Umgestaltung und Belebung der Sittlichkeit mehr nur als Accidens in Betracht kam.[5]) Wenn nun Lang gerade den *sittlichen* Charakter des christlichen Prinzips als eines neuen Lebensprinzips voranstellte, drängte dies nicht zu der Harmonie aller psychischen Funktionen, die wir in Biedermanns „Dogmatik" endgültig fixirt fanden? Gewiss hat Lang von seinem gelehrten akademischen Freunde die fruchtbarsten Anregungen empfangen, wohl in höherem Masse als umgekehrt. Gewiss hat Biedermann recht, wenn er von einem geistigen Zusammenleben mit Lang redet, „in welchen wir, in der Sache bis auf den Grund eins, aber zugleich bis in die Spitzen hinaus individuell verschieden, einander stets ohne je eine Trübung durchsichtig und doch immer einander gegenüber *selbständig* gewesen sind."[6]) Aber dennoch, sollte nicht gerade darum die genannte *Ergänzung* der Biedermann'schen Gedankenkreise durch Langs Voranschreiten *mitbedingt* sein?

---

[1]) Ethik² I 47. [2]) Ethik² I 43. [3]) 1. Aufl. 1858, 2. Aufl. 1868. [4]) Lang, Dk.² 23. [5]) Fr. Th. 58. J. W. 116. [6]) Biedermann, H. Lang, S. 3.

III. Abschnitt:
Schleiermacher und seine Richtung.

a. *Schleiermacher.*

Mit welcher Bewunderung Biedermann zu Schleiermacher emporblickte, zeigt vor allem seine Gedächtnisrede an der Feier des hundertjährigen Geburtstages des „grossen Regenerators der modernen Theologie".[1]) „Als ich die ersten Vorhallen der Wissenschaft betrat, kam ich in einen Kreis, in welchem das Andenken des kurz vorher dahingeschiedenen Mannes in höchster Verehrung gepflegt wurde. Diese Verehrung begleitete mich steigend durch das theologische Studium, obgleich mein eigenes Denken, andersartig angelegt, vorerst einer andern Richtung folgte, die noch zwanzig Jahre früher zu Schleiermacher in sprödem Gegensatz gestanden. Allein auf jedem Gebiet unsrer Wissenschaft trat mir Schleiermacher und immer wieder Schleiermacher entgegen *und immer mehr gingen mir seine fundamentalen Gedanken* — wenn auch oft auf entgegengesetztem Wege gewonnen und immer in andrer Weise gefasst — als die fundamentalen *Wahrheiten unsrer Wissenschaft auf.*"[2]) In den „Erinnerungen" erzählte Biedermann, wie das Studium *Schleiermachers* von Anfang an mit dem *Hegels* friedlich Hand in Hand ging: Vor allem *Fries*, der spätere Mitredaktor des biedermann'schen Organs „Die Kirche der Gegenwart", ein Schüler *Alexander Schweizers*, dieses „ächtesten Erben von Schleiermachers wissenschaftlichem Geiste", war es, der Biedermann „in wuchtigen Episteln, kostete doch jeder Brief noch sechs alte Batzen", zur Rede stellte. Von diesem Briefwechsel meldet Biedermann: „Sie (die Freunde in Zürich) waren .... für die *schleiermacher'sche* Theologie ebenso begeistert, wie ich durch *Strauss* und *Vatke* für *Hegel*. Allein wir kamen einander von beiden Seiten Schritt für Schritt immer näher, und fanden je mehr und mehr, dass nur aus einer gegenseitigen Ergänzung. beim einen von der subjektiven, beim andern von der objektiven Seite aus, der volle Religionsbegriff und damit die

---

[1]) Vortr. 188, Dk. ²I VII, Prot. Kztg. 1878 S. 1070. ²) Vortr. 187,
³) Vortr. 892.

rechte Basis, sowohl für die wissenschaftliche, als auch für die praktische Theologie zu gewinnen sei. Aber freilich von dem frei aufgefassten Schleiermacher und Hegel aus..... Wie Schleiermacher damals in Berlin vertreten war, mussten wir schon entschieden auf der andern Seite stehen."[1]) Sehr derb weist Biedermann die zurecht, die ihm das Recht absprechen, sich auf Schleiermacher zu berufen. „Nun ja — ruft er aus — die bevorstehende Jubelfeier des grossen Regenerators der modernen Theologie wird auf's neue Zeugnis davon geben —: die Pharisäer und Schriftgelehrten schmücken der Propheten Gräber, — aber dann sollen diese auch versiegelt bleiben!"[2])

Es ist dem Leser nicht entgangen, dass bereits in den entwickelten Anschauungen *hegel'*scher Provenienz *schleiermacher'*sche Motive verarbeitet vorlagen. **Hegel** war durch Schleiermacher in's intellectualistische Extrem getrieben worden, darum zum guten Teil verbannte er das *autochthone* Gefühl in's Land der Fabel,[3]) das *primitiv-intuitive* in die Kinderstube, in die Häuser der Toren und Kopfhänger, der Gecken und Sonderlinge,[4]) das *reine* in die Tierwelt.[5]) „Gründet sich die Religion im Menschen nur auf ein Gefühl, so hat solches richtig keine weitere Bestimmung, als das Gefühl seiner Abhängigkeit, *und so wäre der Hund der beste Christ*, denn er trägt dieses am stärksten in sich, und lebt vornehmlich in diesem Gefühle".[6]) Wenn diese Polemik auch entschieden ihr Ziel verfehlte, so muss doch zugegeben werden, dass Schleiermachers Definition der Religion als schlechthinigen Abhängigkeitsgefühls solche Missdeutungen mitverschuldet hatte. Wenn aber nach dieser Seite hin Hegel für die Vermittlung schleiermacher'scher Momente nur negativ in Betracht kommt, so muss auf der andern Seite die tatsächliche, notgedrungene Aufnahme von solchen Biedermann zu einer neuen Prüfung der befehdeten Theorie angetrieben haben. — **Vatke** fasste mit Geist und Geschick sein Urteil über die schleiermacher'sche Religionspsychologie dahin zusammen, es sei die Auffassung der Religion als einer Bestimmtheit des Gefühls in der schleiermacher'schen Gestalt ein Produkt der Religionsphilosophie, und was noch mehr, sie sei ihrem metaphysischen Hintergrunde nach Folgerung aus einer Philosophie, welche dem

---

[1]) Vortr. 392 f. [2]) Vorrede zur Dk. ([1]III, [2]I. S.VII f.). [3]) Hegel, Religionsphil.[1] I 62. [4]) Hegel, Religionsphil. I 73 ff., 78. [5]) Hegel, Werke XVII 295. [6]) *Hegels* Vorrede zu *Hinrichs* Religionsphil. W. W. XVII 295, zitirt auch von *Rosenkranz* 346, *Hanne* 58 f.

System Spinozas sehr nahe stehe.¹) (Ganz ebenso urteilt Biedermann und redet von einem philosophischen Fundament, das Schleiermacher unter der Erde verborgen halte.²) „Die Philosophie sitzt bei Schleiermacher im Souffleurkasten des theologischen Theaters; man hört sie durch und sieht sie nicht.") So war es denn eine Pflicht für Vatke, diese Elemente einer ihm ungenügend scheinenden Philosophie aus Schleiermachers Religionstheorie zu eliminiren, oder besser, die Wahrheiten der schleiermacher'schen Lehre seinem philosophischen System aufzupfropfen. So entstand seine Auffassung der Religion.

Hauptsächlich durch *Strauss* und *Feuerbach*, weniger durch Vatke war vermittelt der Gedanke Schleiermachers, die Religionslehre, folglich auch die Religionspsychologie, müsse von der Beobachtung des religiösen Phänomens selbst, genauer der religiösen Eindrücke, ihren Ausgang nehmen — auch dies eine für Biedermann ausserordentlich wichtige Anregung, die er offen anerkennt.³)

Diese Vermittlungen stellen selbstverständlich nur einen Teil der Einwirkungen Schleiermachers auf Biedermann dar. Wie wir deutlich eine Reihe von Punkten nachweisen konnten, wo Biedermann trotz *Strauss* und *Vatke*, *Rothe* und *Zeller* auf *Hegel* direkt zurückgeht, so dringt er auch hier auf die Quellen. Dabei konnten ihm die inneren Widersprüche Schleiermachers, die zum guten Teil gegen den von diesem so sehr verachteten Standpunkt Hegels hinneigten, nicht entgehen. Wir wiesen bereits darauf hin, dass Schleiermachers „Gefühl" trotz der starken Abgeschlossenheit gegen Wissen und Wollen keineswegs immer so leer ist, wie es aus einer grossen Zahl von Stellen, und zwar gerade den Hauptstellen, sich allerdings mit Notwendigkeit ergäbe, wenn man sie für den eigentlichen Ausdruck der schleiermacher'schen Meinung nähme. Doch wissen wir, dass diese überspannte Ausdrucksweise hervorgewachsen ist aus dem Übereifer, die Religion von der schädlichen Verquickung mit der diskreditirten und, was viel wichtiger, den lebendigen Geist vielfach überwuchernden und erstickenden Metaphysik und der rigorosen Moral, wie sie in jener Zeit herrschte und die warme Frömmigkeit allerdings schwer beeinträchtigte, loszuschälen. *Pfleiderers* hübsche, von Biedermann „cum grano salis" zu verwerten empfohlene Be-

---

¹) M. Fr. 14, 24, Religionsphil. 8. ²) Fr. Th. 180. ³) Dk. I 180. Darnach ist neben Schleiermacher auch **Kant** dieser neue Ausgangspunkt zu danken.

merkung, es komme bei Schleiermacher auf Religion ohne Offenbarung, bei Hegel auf Offenbarung ohne Religion hinaus.[1]) stimmt also nur zur Mehrzahl der Stellen, oder zu einem von tatsächlichen Prämissen Schleiermachers aus in die Spitzen der Konsequenz getriebenen Religionsbegriff. Die früher genannten Stellen dürften zum Beweise ausreichen. Ergänzungsweise fügen wir hinzu, dass nach Schleiermacher die Religion alle Begebenheiten in der Welt als Handlungen eines Gottes *vorstellt*,[2]) dass sie das Universum in seinen eigenen Darstellungen andächtig *belauscht*,[3]) im Menschen nicht weniger als in allem andern Einzelnen und Endlichen das Unendliche sehen will.[4]) Auch Schleiermacher musste somit ein

---

[1]) Dk. ² I 184, Ztschr. f. wiss. Theol. 1871 S. 4.   [2]) Schleiermachers „Reden" ed. Pünjer 60 ¹.   [3]) Ib. 46 ¹ f.   [4]) Man mag einwenden, diese Stellen seien alle der 1. Auflage entnommen. Wohlan, ich anerkenne (im Gegensatz zu *Lipsius*, *Pünjer* u. a.) nicht die geringste Differenz des Religionsbegriffes in den verschiedenen Auflagen der „Reden", glaube sogar *Bender* und *Braasch* in der Behauptung dieser Identität überbieten zu müssen, letzteren wenigstens insofern, als er erklärt, Schleiermacher habe der Anschauung die Herrschaft nicht lassen dürfen, weil sie schon in der 1. Auflage eine scheinbare, affektirte sei. Darnach würde Schleiermacher seinen Irrtum eingesehen und verbessert haben, was mehr als einen blos formalen Fortschritt bedeutete. Auf Grund eingehender Untersuchungen unter Berücksichtigung eines grossen Teils der Speziallitteratur scheint mir die „Anschauung" Schleiermachers mit seinem „Gefühl" *vollkommen identisch*. Wir dürfen *keines* der beiden Worte im Sinne der gewöhnlichen psychologischen Terminologie verstehen. Mit einem Paradoxon könnte man sagen: *Schleiermachers Anschauung fühlt, sein Gefühl schaut an*. Letzteres spricht die 2. Auflage beinahe aus: „Das Gefühl schaut — ins Unendliche hinaus" (Reden 106), und der 1. Auflage fehlt nur der präzise Ausdruck, um die Anschauung als Gefühlsfunktion zu erklären. „Die ewige Welt wirkt auf die Organe unseres Geistes so, wie die Sonne auf unser Auge" (70), dieses Bild zeigt deutlich genug, wie Schleiermacher sich das Mischungsverhältnis der psychischen Funktionen denkt. Die „Anschauung" der 1. Auflage ist der *Erscheinungsform* nach vorwiegend Gefühl, das „Gefühl" der 2. Auflage *der tatsächlichen Vermittlung* nach Anschauung (vergl. „Reden" S. 127 f. 1. Aufl. den Ausdruck „Sinn" [*Braasch* S. 47; nach *Bender* (I 171) eigentlich das „Organ", nach *Dilthey* „die psychologische Grundlage der Erfassung des Unendlichen" (I 304)], ferner „Reden" S. 71¹, 66¹, 182¹; die Wahrnehmung, Betrachtung, Anschauung dagegen *wesentlich* zur Religion gehörig S. 46, 67, 86, 131 u. a.). Schleiermachers „Anschauung" liesse sich daher, wie *Otto Ritschl* mit Recht bemerkt, ersetzen durch „Beschauung, und zwar des mystischen Erlebnisses" (Studien und Kritiken 1888 S. 710); ein anderer Name wäre etwa „Intuition des Herzens". Die Verschiedenheit des Sprachgebrauches der verschiedenen Auflagen erklärt sich ganz einfach als *eine Konzession Schleiermachers zu Gunsten besseren Verständnisses von Seiten seiner Hörer resp. Leser*. Seine „Anschauung" wurde trotz aller Warnungen als vorwiegend anschauend, theoretisch gefasst, und damit das grösste Missverständnis begangen, das überhaupt möglich war. Das Wort war eben als Abbreviatur einer Theorie entschieden schlecht gewählt, daher griff Schleiermacher zu der Urgirung des „Gefühls", wiewohl auch dieser Ausdruck zu

theoretisches Moment in den religiösen Akt mit einflechten, nur dass es nicht notwendigerweise *begrifflicher* Natur zu sein brauchte. Das „Universum" konnte ohne das Medium der *Theorie* unmittelbar religiöse Werte im menschlichen Bewusstsein auslösen. Doch das ist nebensächlich. Halten wir fest: Der Religion ist, wenn auch nicht die „Theorie", so doch *die Betrachtung wesentlich*,¹) nur vermittelst des Endlichen können wir das Unendliche wahrnehmen.²) Sogar die Dialektik sagt: „Das religiöse Gefühl ist nie rein, denn das Bewusstsein Gottes ist darin immer an einem anderen",³) und ferner: „Der religiöse Mensch hat kein Arg daraus, das Bewusstsein Gottes nur zu haben an dem frischen und lebendigen Bewusstsein eines irdischen."⁴) Ob freilich Biedermann das Werk gründlich kannte?

Wie *Hegel* durch seine Unfähigkeit, die Ansprüche des Gefühls und Gemütes verstummen zu machen, zum Ausbau der praktischen Seite an der Religion aufforderte, so drängte also *Schleiermacher* umgekehrt durch unmotivirtes oder doch zu wenig mit dem Ganzen der Ausführung ausgeglichenen Aufweisen gedanklicher oder doch anschaulicher Elemente zur Ausgestaltung dieses Momentes.⁵) Ein neuer, kräftiger Antrieb zur Ergänzung seines

---

Missverständnissen Anlass gab. (So lehnt Biedermann — und es ist dies für Schleiermacher gleichfalls wichtig — den Satz „Religion ist Gefühl" darum ab, weil darin der Ausdruck der Beziehung, des Wechselverhältnisses nicht liegt, welcher doch wesentlich zur Religion gehört, [Kirche der Gegenwart I 12]). *Durch diese Änderung der Nomenclatur verstärkte Schleiermacher die Gefahr der Missdeutung, aber er entwaffnete sie zugleich* Es ist eben eine Hauptforderung bei der Erforschung Schleiermachers, *unsere* Anffassung der psychologischen termini beiseite zu lassen. Der Ausdruck „Anschauung" der 1. Auflage schien Schleiermacher dadurch gerechtfertigt, dass dieser Begriff die Präponderanz des Gefühls nicht ausschliessen sollte, da es doch auch ein Anschauen mit andern Organen geben kann, als denen des theoretischen Geistes und dadurch gefordert, dass der Vorwurf des Illusionismus, der dem Gefühl besonders gerne angeheftet wird, widerlegt werden sollte. Enthielt das „Gefühl" nur gleichsam eine Personalbeschreibung, so wies die „Anschauung" den legitimirenden Heimatsschein auf. — Es möge hier noch der Wunsch einen Raum finden, es möchte die 1. Auflage der Schleiermacher'schen „Reden" wieder mehr zu Ehren gezogen werden. Sie ist nicht nur die genuinste, von veralteten Philosophemen im Ausdruck am wenigsten berührte, sondern sie enthält auch eine Menge der fruchtbarsten und wertvollsten Ideen, die in den folgenden Auflagen fehlen.

¹) Reden S. 46. ²) Reden S. 135. ³) Dialektik § 215, 2. ⁴) Dialektik 153. ⁵) Es ist zu bedauern, dass Biedermann nicht die 1. Auflage der Reden kannte, wo das handelnde Universum eine so grosse Rolle spielt, gewiss hätte er gerade betreffs dieses theoretischen Momentes viel von Schleiermacher übernehmen können, was ihm erst auf dem Umweg eines modifizirten und zu modifizirenden Hegelismus unter grossen Anstrengungen zuteil wurde; dass Biedermann in

Hegelismus aus Schleiermachers Schatzkammer! Biedermann nahm es so ernst mit der Betonung des Gefühlscharakters der Religion, dass er all seine Vorgänger auf hegel'schen Boden mit Ausnahme *Zellers*, weit überholte. Dass Schleiermacher selbst diesen Fortschritt verursacht hat, verrät Biedermann selbst deutlich genug, denn in all seinen Schriften setzt er sich mit ihm direkt auseinander, wobei er es an Worten nicht fehlen lässt, die seiner Bewunderung für diesen grossen Theologen und „seinen feinsten und schärfsten Sinn gerade für das Problem des Religionsbegriffs"[1]) warmen Ausdruck geben.

Biedermann rühmt als das in der Theologie Neubefruchtende und darum Epochemachende an Schleiermachers Theorie von der Religion, dass diese als wahrhaft *einheitlicher* und *innergeistiger* Prozess gefasst werde.[2]) Schon die „Freie Theologie" liess sich gegen diejenigen aus, welche die Religion einerseits als Wissen, anderseits als Gefühl ausgeben und nicht im Stande seien, die Einheit der beiden als notwendig zugestandenen Momente anders denn als blosses Zusammenzählen zu fassen.[3]) Schon damals also scheint Schleiermachers Einfluss sich geltend gemacht haben, und zwar vornehmlich gegen jenen Standpunkt, welcher verlangte, dass die Religion nicht nur ein Vorstellen oder Wissen, aber auch nicht Gefühl sein solle. Wer sollte gemeint sein? Gewiss niemand anders — so sehr es auf den ersten Blick frappirt — als *Hegel*. Hegel hatte ganz genau erkannt, dass auch das Gefühl ein Anrecht habe, an der Religion zu partizipiren. So sagt er: „Aber nicht nur *kann* ein wahrhafter Inhalt in unserem Gefühl seyn: er *soll* und *muss* es auch, wie man sonst sagte, Gott muss man im Herzen haben."[4]) *Ähnlich noch öfters, ohne dass der Grund dieser Notwendigkeit des Gefühlselementes aufgewiesen würde.* An der Mehrzahl der Stellen kommt Hegel übrigens auch ohne das „Herz" konform dem System mit der blossen „Vorstellung" ganz gut aus. Also wiederum eine Lücke, die Biedermann unter der Einwirkung Schleiermachers ausfüllte, und zwar kommen hier wieder sowohl die „Reden" als die „Glaubenslehre" in Betracht. Die fortwährende Betonung der Unmittelbarkeit der Religion,[5]) die Beschreibung ihrer Entstehung.[6]) ihrer Selb-

---

der Tat die übrigens recht selten gewordene und erst durch Pünjer wieder neu herausgegebene 1. Auflage nicht gelesen hatte, beweist deutlich genug Dk. I 215. Ist irgendwo die Causalität des religiösen Objektes so betont. wie an dem beanstandeten Orte! Verg. Reden [1] 52—57.

[1]) Dk. [2]I 183. [2]) Dk. I 215. [3]) Fr. Th. 41. [4]) Hegel, Religionsphil. I 75. [5]) Reden S 57 [1], 54 [2,3]. [6]) Reden 77 f. [1], 55 f. [2,3].

ständigkeit, kurz das ganze Werk in seinem Fundamentalgedanken weist auf einen einheitlichen, nur logisch nach verschiedenen Momenten zu differenzirenden Akt, wobei denn allerdings zugegeben ist, dass die Durchführung dieser Einheit Schleiermacher nicht durchweg gelungen ist, da Anschauung und Gefühl doch mehrfach in unklarer Weise neben einander stehen bleiben. Die Absicht einer Union aber ist aus obigen Argumenten klar genug ersichtlich. Dass auch die Glaubenslehre mit ihrer Gefühlstheorie den religiösen Akt als einen einheitlichen erklärt, ist selbstverständlich. Jede Religionslehre, welche die Religion nicht als blosses Konglomerat heterogener Elemente fixirt, und an die religiöse Erfahrung appellirt, wird diesen Begriff der Einheitlichkeit der Religion aufnehmen müssen.

Das andere, was Biedermann als epochemachend an Schleiermacher rühmte, war die *Innergeistigkeit der Religion*, auch dies ein Punkt, wo Hegels *Theorie* nicht tief genug in das Wesen ihres Gegenstandes eingedrungen war. Darnach konnte sich für religiös halten, wer das kirchliche Lehrsystem als Metaphysik für wahr hielt. Schleiermacher bewies, wie unberechtigt diese Annahme sei, und zeigte, wie nur das *Ergriffensein der ganzen Persönlichkeit in ihrem innersten Wesen des sublimen Namens der Religion würdig sei.* Dass die Theorie vom „Gefühl" nur accidentiell, durch die zufällig präsent oder doch nahe liegende, historisch sehr wohl begreifliche Psychologie gefordert war, hat Biedermann mit congenialem Tiefsinn erkannt, indem er die Innergeistigkeit des religiösen Prozesses als das Grosse an Schleiermachers Lehre hervorhebt. Die „Vorstellung" Hegels konnte nicht der Ort dieses zentralen Vorgangs sein, nach Biedermanns fortgeschrittener Psychologie aber auch nicht das Gefühl im vulgären Sinne, da doch auch das Denken und der Wille in den innersten Grund des Personenlebens hinabreichen. So drängte denn also die schleiermacher'sche Auffassung der Religion ihrer psychologischen Seite nach zu einer solchen Theorie, welche den psychischen Akt der religiösen Erhebung als eine in der Tiefe des menschlichen Wesens sich vollziehende einheitliche Tat des menschlichen Geisteslebens darstellte.

Dass hiebei die schleiermacher'schen Andeutungen über die stetige innere Kohärenz und Korrespondenz der Seelentätigkeiten teils direkt, teils auch indirekt (durch Schleiermachers Dependenten) mitwirkten, lässt sich kaum mit Sicherheit beweisen, darf aber wohl als sehr wahrscheinlich angesehen werden. Wir erinnern uns an das bereits verwertete Wort: „Was Ihr auch absondern möget in der Betrachtung als einzelnes Talent und Vermögen, keines bringt ebenso abgeschlossen seine Werke hervor, sondern, ich meine es im Ganzen, versteht sich, jedes wird bei jeder Verrichtung dergestalt von der zuvorkommenden Liebe und Unterstützung der andern bewegt und durchdrungen, dass Ihr nun in jedem Werke alles findet, und Euch begnügen müsst, nur in dieser Verbindung die herrschend hervorbringende Kraft wahrzunehmen."¹) (Bekanntlich hat Schleiermacher eigentliche „Seelenvermögen" überhaupt abgelehnt, an jedem Moment menschlicher Tätigkeit ist das ganze menschliche Ich beteiligt: an die Stelle verschiedener *Geistesvermögen* treten verschiedene *Funktionen* der Seele.)²) Wird aber darauf hingewiesen, dass Biedermann sich überwiegend der schleiermacher'schen Glaubenslehre bedient zu haben scheint, so sei erinnert an den Exkurs § 3,3 dieses Werkes, vor allem an den Satz: „Jeder wirkliche Moment des Lebens ist seinem Gesamtgehalte nach ein zusammengesetztes aus jenen .... dreien (Denken, Fühlen, Wollen), wenngleich zwei davon immer nur als Spuren oder Keime vorhanden sind."³) Die Vorliebe Schleiermachers für quantitative Differenzierungen, die ganz besonders in der Metaphysik (anlehnend an Schelling) uns entgegentritt, äussert sich somit auch hier in der Psychologie. Wenn auch heute kaum mehr geleugnet werden wird, dass Schleiermacher hierin viel zu weit gegangen ist, wenn er das Gefühl so sehr anwachsen liess, dass das theoretische und voluntaristische Moment fast gänzlich unsichtbar wurden, wenn die Bestimmung der Religion als schlechthinigen Abhängigkeitsgefühls heute wohl ziemlich allgemein als einseitig aufgegeben wird, so steht doch gerade um so sicherer fest die Behauptung *Seydels*: „Sicher ist, dass Schleiermachers ‚Glaubenslehre' .... den Anstoss gab, die Stellung des Gefühls zu Wissen und Wollen neu zu prüfen und damit zugleich die Unentbehrlichkeit aller drei Formen zu erkennen, und zwar so, dass diese Erkenntnis sich zu einem grundsätzlich fixirten Wesensmerkmal der Religion erhob."⁴) Dass von all denen, welche diese Bemerkung trifft, Biedermann wohl in allererster Linie zu nennen ist, wird nach dem Vorhergehenden einleuchtend sein.

---

[1] „Reden" S. 34. (2. Aufl.), vergl. S. 56. Die 1. Aufl. S. 33 f. [2] *Schleiermacher*, *Psychologie* S. 31—33, 400. Vergl. *Schürer*, Schls. Religionsbegriff und die philosoph. Voraussetzungen desselben. 1868, S. 14. [3] Glsl.⁶ 9. [4] *Seydel*, Religionsphil. 45.

b. Alexander Schweizer.

Ein gewichtiger Vorwurf, den Schleiermachers Definition der Religion von vielen Seiten erfahren musste, ging darauf, dass die Religion gar nicht tatsächlich in schlechthiniger, serviler Abhängigkeit aufgehe. Denn abgesehen davon, dass die Naturreligion einer solchen absoluten Dependenz vollständig fremd sei, dass vielmehr bisweilen in derselben Äusserungen ungezügelten Freiheitsgefühls zu Tage treten, kenne ja auch das höchste religiöse Bewusstsein, das christliche, den Gedanken einer relativen Freiheit, die sich im Bösen und gewissen kultischen Verhaltungsweisen manifestire. Ganz hatte Schleiermacher ein relatives Freiheitsgefühl selbst nicht negirt, allein er subordinirte es einfach als partielles unter den Begriff der schlechthinigen Abhängigkeit.[1]) Auf die Dauer aber konnte das nicht genügen, denn das Problem war damit noch lange nicht gelöst, auch bellte Hegels „christlicher Hund" mit seinem allerschlechthinigsten Abhängigkeitsgefühl, zwar ein ganz plumper Geselle und ohne alles Verständnis für das tiefe Empfinden Schleiermachers, so laut in die Ohren der nicht immer sehr urteilsfähigen Welt, dass Abhülfe geschaffen werden musste. Überdies hatte Hegel Schleiermacher mit vollständigem Recht ausserhalb der wissenschaftlichen Diskussion gesetzt — nur die Form war ungerecht und zeigt von mangelndem Verständnis für Schleiermachers Anschauungsweise —, indem er sagte: „Man beruft sich häufig so auf sein Gefühl, wenn die Gründe ausgehen; so einen Menschen muss man stehen lassen: denn mit dem Appelliren an das eigene Gefühl ist die Gemeinschaft zwischen uns abgerissen."[2]) Hinzu kam eine Reihe anderer Faktoren, die alle darin übereinstimmten, Schleiermachers Religionstheorie im Sinne einer harmonistischen Psychologie zu erweitern. So erklärt es sich, dass Schleiermacher keine eigentliche Schule hinterliess, wiewohl die ganze moderne Theologie zu ihm in die Schule ging. Merkwürdig, aber sehr verständlich: Der grösste Lehrer der evangelischen Kirche hat keine Schule! Gerade das aber ist seine Grösse: Er erzog seine Schüler zur Freiheit der Selbstbestimmung, so dass sie aufhörten, blosse Schüler zu sein: Er ist der Lehrer von Meistern.

Der bedeutendste dieser Meister war entschieden der Theologe, auf den die reformirte Kirche als auf einen ihrer grössten nach Schleiermacher stolz ist, *Alexander Schweizer*. Bereits hörten wir, wie dieser durch seine Schüler auf Biedermann einwirkte, und

---

[1]) Schleierm., Glsl.⁶ 25 f. [2]) Hegel, Religionsphil. I 74.

ihn dadurch näher zu Schleiermacher heranzog. Wiewohl Schweizers „Glaubenslehre" erst 1863 zu erscheinen begann (vollendet wurde sie 1872), dürfen wir doch annehmen, dass schon seine Vorlesungen in den vierziger Jahren die Härten der schleiermacher'schen Religionspsychologie zu mildern suchten. Da war es gewiss schon damals die schroffe Charakterisirung der Religion als schlechthinigen Abhängigkeitsgefühls, welche von Schweizer eine Korrektur oder doch beschwichtigende Erläuterung erfahren musste. Seine „Glaubenslehre" erklärt zwar das religiöse Selbstbewusstsein für ein Innewerden der Abhängigkeit des Endlichen vom Unendlichen, und zwar für eine *Abhängigkeit schlechthin*,[1]) bemüht sich aber sofort, das „Missliche dieser Bezeichungsweise" hervorzuziehen, die naheliegende Vermutung eines drückenden, sittlich lähmenden, die relative religiöse Selbstständigkeit (wie sie Gebet und Opfer voraussetzen) negirenden Zustandes.[2]) Im Gegensatz gegen ein solches Abhängigkeitsgefühl, soll das religiöse vielmehr beruhigen, befreien, sittlich kräftigen, da es des prinzipiellen und durchgängigen Unterschiedes zwischen göttlicher und weltlicher Abhängigkeit sich wohl bewusst ist, ein Gedanke, den schon Schleiermacher äusserte, wiewohl nicht ganz mit diesem Nachdruck.[3])

Diese Betonung des Unterschiedes zwischen religiösem und profanem Abhängigkeitsgefühl musste den Wunsch wachrufen, die beiden auch äusserlich möglichst auseinanderzuhalten. Schleiermacher hatte aus durchsichtigen Gründen sich bemüht, mit einer blossen Gefühlsbestimmung, ohne Anleihen bei den psychischen Schwesterfunktionen, auszukommen. · Das Moment der Schlechthinigkeit sollte jedes gegenständliche, theoretische Moment überflüssig machen. Nun hatte er aber selbst zugegeben, dass das Abhängigkeitsgefühl, das doch „schlechthinig" sein sollte, solche Zustände begleite, in denen wir auch unserer Selbsttätigkeit bewusst sind, ja sogar ausdrücklich erklärt: „Ohne alles Freiheitsgefühl wäre ein schlechthiniges Abhängigkeitsgefühl unmöglich."[4]) Auch hatte die „Glaubenslehre" selbst gezeigt, wie aus dem Abhängigkeitsgefühl die Vorstellung unmittelbar emporsteige und erst in ihr klares Selbstbewusstsein werde.[5]) — Es war Schweizer also nahe gelegt, diese Klarheit des Selbstbewusstseins, die gedankenmässige Ausprägung der im Abhängigkeitsgefühl noch unklar gesetzten theoretischen Momente als ein Er-

---

[1]) Schweizer, Glsl.² I. S. 92. [2]) Schweizer, Glsl.² I S. 93 f. [3]) Schleiermacher, Glsl.⁶ 16. [4]) Schleiermacher, Glsl. 19. [5]) Schleiermacher, Glsl. 20, im weitern Sinne das ganze Werk.

fordernis zu erklären, dem der Religiose selbst zu genügen habe. Das fromme Gefühl wollte ja selbst in klare Formen gebracht werden; es wusste sich nicht als ein Ganzes, Fertiges, ehe diese Klarheit gewonnen war.[1]) Doch wie sollte dieses Fertige, in dem das fromme Selbstbewusstsein zur Ruhe gelangte, heissen, wenn nicht „Religion"? *Dies ist der ganz einfache Schritt, den Schweizer über Schleiermacher hinaustut: Er erweitert den Umfang des Begriffs, indem er das postulirte Vorstellungsmoment, das Schleiermacher mit aller Gewalt (und dennnoch nicht mit durchgängigem Erfolg) vom frommen Gefühl als einer eigenen Provinz hatte zurückdrängen wollen, in die Religion mit einschliesst. Dabei aber behält das schlechthinige Abhängigkeitsgefühl die ideelle Suprematie: es ist und bleibt „die Wurzel und das allgemeine Wesen der Religion."* [2])

Es ist nicht zu leugnen, dass Schweizer mit dieser Aufnahme eines theoretischen Moments in die „Religion" der hegel'schen Religionsphilosophie sich annäherte, obschon die Annäherung mehr äusserlicher Art ist. Das fromme Selbstbewusstsein bleibt das „allgemeine Wesen" der Religion und kann damit immer noch ziemlich isolirt vorkommen. Schweizer würde darnach eine Frömmigkeit zulassen, in welcher ein theoretisches Element noch gar keine Rolle spielte. Die konstitutive Notwendigkeit desselben für das *Centrum der Religion* ist nicht garantirt, sondern nur seine Mitwirkung bei der Entwicklung der schon vorhandenen Frömmigkeit,[3]) seine notwendige Erhebung auf der Basis des frommen Gefühls. Wir sehen also, Schweizer kommt der gegnerischen Schule bei weitem nicht so viel entgegen, als Vatke, Feuerbach, Zeller u. s. f. von der ihren.

Immerhin war es doch schon ein recht bedeutsames Zugeständnis, wenn Schweizer ausdrücklich anerkannte: Im frommen Gefühl ist nicht das volle Wesen der Religion gegeben.[4]) Auch Biedermann rühmt diese Modifikation der schleiermacher'schen Theorie,[5]) und zwar ist diese Anerkennung für uns um so wichtiger, als sie uns zeigt, wie Biedermann die seinem Geiste entsprechenden Elemente in Schleiermacher von den ihm nicht entsprechenden absondern und mit seiner sonstigen Überzeugung in Einklang zu bringen lernte.

Darin liegt denn auch die Bedeutung Schweizers für die Entwicklung Biedermanns: Nicht in der Übermittlung positiver Erkenntnisse, sondern in dem Nachweis, dass Schleiermachers Religionswissenschaft voll von den wertvollsten Motiven sei auch

---

[1]) Schweizer, I 91 f. [2]) Schweizer, Glsl. I 96. [3]) Schweizer, Glsl. I 91.
[4]) Schweizer, Glsl. I 92. [5]) Bm. Dk. I 215.

für den, der nicht in verba magistri schwer und namentlich der psychologischen Isolirung der Religion nicht beipflichten konnte, eine Wegleitung, die auch nach *Vatkes* Wirksamkeit von grosser Wichtigkeit sein musste, und hier jedenfalls schon darum zu erwähnen war, weil Schweizers Einfluss in der entscheidenden Periode der Überwindung des Rationalismus an Biedermann herantrat.

c. *Andere Religionstheoretiker der schleiermacherschen Richtung.*
(De Wette, Neander, Schenkel, Romang, Hase.)

Es bleibt uns nur weniges zu sagen übrig. Geistige Impulse lassen sich ja niemals bis hinein in's Einzelste ihren Wirkungen nach verfolgen, so wenig als sich die geistige Motivationskraft der einwirkenden Ideen nach mathematisch genauen Massstäben berechnen lässt. Sind wir jedoch an all' den Orten, wo wir nicht durch verbale Anlehnung, durch Änderung oder Ausbildung einzelner Gedankengänge aus Veranlassung herantretender Impulse u. dgl. die Behauptung direkter Abhängigkeit aussprechen dürfen, auf approximative Urteile angewiesen, so ist es für uns doch unerlässlich, die einwirkenden Faktoren wenigstens mit möglichster Vollzähligkeit herauszustellen.

De Wette und *Neander*, auch *Schenkel*, zählen zu Biedermanns Lehrern und verdienen daher die nächste Berücksichtigung. Für die Religionspsychologie hat *Neander, der Pektoraltheologe*, nichts originelles geschaffen; wir begnügen uns mit der Nennung des Namens des von all' seinen Schülern so hoch verehrten Mannes. Von *De Wette* erzählt Biedermann: „Wir hatten an ihm . . . . ein vorleuchtendes Beispiel, wie freie Wissenschaft mit positiv religiösem Sinn und warmer Liebe zur Kirche sich gar wohl vertragen. Freilich die Art, wie De Wette beides wissenschaftlich vermittelte, befriedigte mich nun allerdings gar nicht. Seine Theorie von der Religion, dass der Geist die dem frommen Gefühl sich aufschliessende göttliche Wahrheit nur mit der Ahnung im Sinnbild zu fassen und nicht auch mit dem Verstande zu erkennen vermöge, schien mir die Theologe doch auf gar zu schwache und schwankende Füsse zu stellen. Darum blieb ich auch von De Wette's Vorlesung über Glaubenslehre, sowie es über die Kritik des Kirchlichen hinausging, sehr unbefriedigt."[1] Anderwärts fühlt sich Biedermann gedrungen durch die Pflicht der Dankbarkeit, der Anregung zu gedenken, die ihm durch De Wettes Roman „Theodor,

---
[1] Vortr. 888.

oder des Zweiflers Weihe" zuteil wurde.¹) Es ist psychologisch gar wohl begreiflich, wie Biedermann von einer Anschauungsweise abgestossen werden musste, welche über die gemeine Überzeugungsweise des Wissens nicht allein die höhere des reinen Vernunftglaubens, sondern auch die der gefühlsmässigen Ahnung erhebt.²) und von der Religion erklärt: Sie ist nichts, als der Glaube und die Ahnung selbst.³) Von einer erkenntnistheoretisch und metaphysisch begründeten klaren Psychologie kann da kaum mehr geredet werden, doch wohnte der De Wette'schen Beschreibung der Ahnung als einer wichtigen Form des religiösen Bewusstseins ein Wahrheitsmoment inne, das Biedermann zu verwerten übernahm. Freilich hatte schon *Vatke* diesen Begriff der Ahnung in der Reihe „Gefühl, Vorstellung, *Ahnung*, Glaube, reines Denken" angeführt,⁴) und *Schleiermacher* hatte von jeher gesagt: „Die Religion will, was in der unendlichen Natur des Ganzen und Allen, alles Einzelne und so der Mensch gilt, in stiller Ergebenheit im Einzelnen anschauen und *ahnen*,"⁵) aber keiner von beiden hatte sich herbeigelassen, diesen Begriff psychologisch präzise zu entwickeln. (Zum Teil mag dies auch an der Aufgabe ihrer Werke liegen.) Erst Biedermann setzt sich mit ihm ausdrücklich auseinander, und zwar in deutlicher Anlehnung an den seinerseits hauptsächlich durch *Fries* bedingten „ästhetischen Rationalismus" De Wettes. Ohne die Religion auf die Ahnung zu reduzieren, anerkennt er doch diese immerhin als eine tatsächliche Etappe in dem psychologischen Entwicklungsgang des religiösen Bewusstseins.⁶) *Wir haben somit genügenden Grund zu der Annahme, Biedermann sei zu seiner Fixirung der Ahnung als eines allgemeinen und wichtigen Gliedes in der Gestaltung des religiösen Phänomens von De Wette bestimmt worden.*

Weit weniger wichtig ist für Biedermanns Entwicklung die Religionstheorie *Dan. Schenkels*, welcher bekanntlich im Gewissen ein eigenes religiöses Organ entdeckt zu haben glaubte.⁷) Da wir keinerlei unmittelbare Abhängigkeit entdecken können und in der längeren Auseinandersetzung mit der Annahme Schenkels vielmehr nur eine Apologie und Polemik im Dienste der eigenen Ideen erblicken, können wir von einer vergleichenden Darstellung der beiderseitigen Ideen Umgang nehmen.

Weniges auch ist zu sagen von dem ehemals fast masslos erbitterten Gegner Biedermanns, *Johann Peter Romang*. Der scharfe Zusammenstoss mit diesem bedeutenden Berner Philosophen endigte

---

¹) Bm., Der relig. Roman, Vortr. 65. ²) De Wette, Lehrbuch der christl. Dogmatik ²I § 13. ³) Ib. § 19. ⁴) Vatke, Die menschliche Freiheit, S. 125. ⁵) Schl., „Reden" 48. ⁶) Dk. ¹93, ²I 291. ⁷) Schenkel, Chr., Dk. § 29 ff.

nach Biedermanns eigenen Worten mit einem „fruchtbaren und versöhnlichem Resultate."¹) Wie eng das Verhältnis beider war, beweist die Tatsache, dass „nachdem Romang allen seinen Freunden durch seine Reizbarkeit den ferneren Verkehr unmöglich gemacht hatte, Biedermann der letzte war, der ihn auf dem Totbette besucht hat."²) Suchen wir jedoch nach Spuren dieser fruchtbaren gegenseitigen Beeinflussung, so bekennen wir, nichts aufweisen zu können, was nicht schon aus Schweizers Einwirkung erklärbar wäre. Konstatiren wir also nur: Auch bei Romang drängt sich das Wissen in die Religion ein, ja noch mehr — und damit kommt *Romang* dem biedermann'schen Denken anscheinend näher als *Schweizer* — ohne Bewusstsein, also ohne Wissen gibt es auch keine *Frömmigkeit*,³) wiewohl sich Romang sofort wieder „gewissermassen denjenigen anreiht, welche die Religion als eine Sache des Gefühls auffassen."⁴) Bedeutsam ist, dass dies letztere geschieht, weil „mit dem Namen Gefühl am richtigsten bezeichnet wird diese *innerlichste*, die Kraft, ... ihren Gegenstand zu ergreifen, sich an ihn hinzugeben, in sich schliessende *Mitte des Seelenlebens*, die bei der wahrhaftigen Frömmigkeit in ihrer Tiefe aufgeregt ist und zu dem Göttlichen emporwallet."⁵) Es ist nicht nur möglich, sondern sogar wahrscheinlich, dass gerade *Romang* Biedermann auf den grossen Gedanken *Schleiermachers* hinwies, die Religion in den Tiefen des menschlichen Seelenlebens zu finden, ein Fundamentalgedanke, der beinahe der ganzen hegel'schen Richtung hinter der verhängnisvollen Gewandung der Gefühlstheorie verborgen blieb, den aber gerade Biedermann mit so verständnisinnigem Blicke hervorhob.

Für die unmittelbare Einwirkung *Karl Hases* ist weder biographisch, noch aus Biedermanns Werken die nötige Gewähr vorhanden. Trotzdem sei erwähnt die Jugendschrift „De Fide" (1825), woselbst das Essentielle der Religion in einem gewissen X gesehen wird. „das grösser und umfassender ist als Wissen, Gefühl und Wille, aber diese alle einschliesst, und im eminenten Sinne *Glaube* genannt werden könnte."⁶) Doch auf bestimmte Entscheidung müssen wir im Hinblick auf die unsichere Verbürgung und den Mangel innerer Hinweise Verzicht leisten.

Zum Schlusse dieser Analyse sei auch hingedeutet auf die wichtigen Impulse, die von der **spezifisch christlichen Litte-**

---

¹) Vortr. 427. ²) *Blösch*, Joh. Peter Romang als Religionsphilosoph. Theol. Zeitschrift aus der Schweiz 1896. S. 41. ³) Σ der natürl. Religionslehre S. 25. ⁴) S. 26. ⁵) Ib. ⁶) *Seydel*, Religionsphil. S. 46.

ratur ausgingen. Betrachten wir nur die Klassiker des Urchristentums: den Anteil des Intellects am religiösen Prozess sicherte der brückenschlagende Begriff des εὐαγγέλιον, kirchlich gesteigert zum Schriftprinzip, die γνῶσις und πίστις, welche ohne gedankliches Moment schlechterdings nicht gefasst werden können. Einer Überwucherung dieser Seite aber trat sofort entgegen die tief mystische „ἀλήθεια" des vierten Evangelisten, die eminent ethische „πίστις" der paulinischen Predigt, die Einheit aller dieser Momente aber wurde zur offenbaren Tatsache in dem Prototyp und Offenbarer religiöser Vollkommenheit, in Jesus Christus, und es wäre oberflächlich, diesen Elementen, mit denen Biedermann schon durch seine pfarramtliche Tätigkeit. noch mehr aber durch das eigne religiöse Bedürfnis in vertrauten Umgang trat, nicht die weittragendste Inclinationskraft zuzuschreiben.

Schluss:
Die Zusammenfügung zum System.

Summarisch betrachtet bietet unsere Untersuchung sofort den Anblick einer *Synthese von Schleiermacher und Hegel*, wie dies schon nach Biedermanns eigener Aussage sehr nahe lag.[1]) Vom einen die Selbständigkeit und Innerlichkeit der Religion, vom andern ihr harmonischer Zusammenklang mit den übrigen Tätigkeiten des *einheitlichen* Geisteslebens und daher die Unterordnung des theoretischen Moments unter die Normen des wissenschaftlichen Denkens.[2]) Man kann sagen: **Biedermanns Religionspsychologie ist eine Konzeption des vorwiegend durch Schleiermacher bedingten christlichen Geistes auf dem Boden des Hegelismus.** Die Basis seiner Theorie bildet zweifelsohne Hegel. Ebenso sicher aber steht fest, dass Biedermann sich niemals kritiklos dieser Basis anvertraut. Ansätze zur Ueberwindung der abstossenden Punkte fanden sich schon auf der Hegelschen Linie, in *Vatke, Feuerbach* u. s. w., doch wiesen die Waffen, mit denen sie die Härten Hegels zu bekämpfen suchten, auf den Schmied, der sie gefertigt und selbst so meisterlich geführt, auf Schleiermacher und seine rüstigen Gesellen. So erreichte Biedermann eine tiefere Erfassung, und darum die Vermählung der Gegensätze, die seinen Vorgängern immer

---

[1]) Bm., Ferd. Chr. Baur, Vortr. 110, „Schl." Ib. S. 205, „Erg." Ib. 414, Zeitschrift für wiss. Theol, 1871, S. 4. [2]) Vortr. 203 ff,

wieder unter der Hand feindlich sich entgegentraten. Damit war der starke Rahmen gegeben, in den die einzelnen Ausgestaltungen sich zwanglos fügten.

Erhebt sich Biedermanns Religionspsychologie über das Niveau blosser Eklektik? Wir können die Frage getrost bejahen. Biedermann hat sich stets bestrebt und allzeit viele Mühe darauf verwandt, die Anregungen, die ihm von den verschiedensten Seiten zu teil wurden, organisch zu verbinden und zu einander in's notwendige logische Verhältnis zu setzen. So erhält seine Theorie den Charakter grosser systematischer Geschlossenheit und Einheitlichkeit. Damit soll unseren zahlreichen und grossen Bedenken nicht der Riegel vorgeschoben sein. Zum Austrag kann der Streit erst in der erkenntnistheoretischen, ja metaphysischen Abhandlung kommen, doch möge es uns vergönnt sein, schon hier auf einige dieser Schwierigkeiten zu weisen: Wie kann das Absolute, das nach dem Kanon: „Gleiches ist nur für Gleiches"[1] als allgemeines *nur* vermöge der *allgemeinen* Funktion des theoretischen Bewusstseins als notwendigen Mittelgliedes[2] vom Subjekt recipirt werden kann, plötzlich ins *praktische* Bewusstsein sich reflektiren, da praktisch doch nur das, was eine unmittelbare Beziehung aufs Einzelne, *Concrete* hat?[3]) Wie kann ferner das Absolute, dieses *abstractissimum*, wenn man so sagen darf, *concret* werden bei einem *derartigen* Prozess? Wie könnte denn die Concretheit des Subjekts die Aussage seines wohl geprüften theoretischen Bewusstseins alteriren können? Nehmen wir aber nach dem erkenntnistheoretischen Grundgesetz an, das Absolute könne sich zur Concretheit entäussern, wie wäre dann das theoretische Bindeglied, diese Funktion des Allgemeinen, spekulativ begründet? Ferner: Wenn Biedermann dieses *vermittelnde* Moment festhält, wie kann da erklärt werden: Religion ist die Reflexion des unmittelbaren Bewusstseins in's theoretische Bewusstsein? Sehr wohl denkbar ist, dass der Gottesgedanke (nach Hegel) in's Herz gebracht wird, aber wie ist es umgekehrt möglich, dass der eben vorhandene Gefühlszustand mit der Gottesidee sich verbinde? Der Gedanke kann ja sehr wohl ein Gefühl im Gefolge haben, wie aber soll ein tatsächlich vorhandenes Gefühl mit einer theoretischen Erfassung des Absoluten sich vermählen können zu dem einheitlichen Akt des religiösen Bewusstseins? Beruft sich Biedermann aber darauf, dass die Scheidung der beiden Momente nur eine logische, nicht aber zeitlich reale sei, so erhebt sich die grosse spekulative Schwierigkeit: Wie kann das $\vartheta\epsilon\omega\varrho\epsilon\tilde{\iota}\nu$ Mittelglied oder Verbindung zwischen

---

[1] Fr. Th. 15, 38. [2] Ib. 38. [3] Ib. 34.

Gott und Mensch sein, ohne wenigstens mindestens einen blitzartigen Augenblick real für sich zu sein, wie kann sich etwas reflektiren in eine andere psychische Funktion, das nicht da ist, nicht da sein kann? — Doch Biedermann wird uns entgegentreten, das sei vorstellungsmässig gedacht und treffe nicht seine Behauptung. Wir sehen also, dass wir eine eingehende Kritik der ganzen Theorie noch versparen müssen. Nicht anders steht es mit der nicht mehr spekulativ gefärbten Religionslehre der späteren Periode Biedermanns. — Wir müssen somit übergehen zur erkenntnis-theoretischen Untersuchung.